ADRIAN PLASS
& JEFF LUCAS

ANEKDOTEN
frommer Chaoten

ADRIAN PLASS
& JEFF LUCAS

ANEKDOTEN frommer Chaoten

Aus dem Englischen von Christian Rendel

Brendow
VERLAG + MEDIEN

Bibliografische Information der Deutschen Nationalbibliothek
Die Deutsche Nationalbibliothek verzeichnet diese Publikation in der Deutschen Nationalbibliografie; detaillierte bibliografische Daten sind im Internet über http://dnb.d-nb.de abrufbar.

ISBN 978-3-86506-350-2

Originaltitel: Seriously Funny
First published in 2010 by Authentic Media, Great Britain.

Umschlaggestaltung: Brendow Verlag, Moers.
Satz: Satzstudio Winkens, Wegberg
Druck und Bindung: CPI – Clausen & Bosse, Leck
Printed in Germany

www.brendow-verlag.de

EINLEITUNG: ADRIAN

Als Jeff und ich uns trafen, um über die Veröffentlichung unseres Briefwechsels zu sprechen, entdeckten wir eine gemeinsame Angst. Kurz gesagt ist es folgende: Mag ja sein, dass die Wahrheit uns frei macht, aber sie könnte auch leicht dazu führen, dass wir als Häretiker verbrannt werden – in rein metaphorischem Sinne, wie ich eilends hinzufüge. Die Sache mit Briefen zwischen Freunden ist die, dass es dabei keine Regeln gibt – außer denen, auf die die Schreiber sich geeinigt haben. Wir haben ausgelotet, was wir denken und fühlen und glauben und nicht glauben, auf eine Weise, die vielleicht in ein Erbauungsbuch nicht so recht passt. Aber manchmal muss man sich eben mit der Machete durch den Wald dieser unwegsamen, wunderbaren Welt hindurchschlagen, um den Weg zu finden, den man besser gleich von Anfang an eingeschlagen hätte. Für mich (und ich glaube, für uns beide) war dieser mühselige, arboreale Prozess sehr hilfreich, wenn auch manchmal ziemlich bedrückend. Ich habe irgendwo schon einmal die Bemerkung eines amerikanischen Schriftstellers erwähnt, der meinte, Schreiben sei ganz leicht; man müsse sich nur an die Schreibmaschine setzen und eine Ader öffnen. Das ist bei mir, Gott sei Dank, nicht immer so, aber der schmerzhafte Prozess, durch den die eine oder andere dieser aus dem Herzen kommenden Botschaften endlich zutage traten, lässt sich kaum besser beschreiben.

Trotz alledem werden die Leser in diesem Buch vergeblich nach dramatisch bizarren Häresien suchen. Wir sprechen uns hier nicht dafür aus, Menschenopfer als Standardaktivität bei Gemeindefreizeiten einzuführen, und wir plädieren auch nicht für mehr Toleranz gegenüber denen, die ihre Persönlichkeit gerne durch das Medium des gegenseitigen Massakrierens ausdrücken möchten. Stattdessen werden die Leser Spuren eines geistlich exzentrischen Ringens darum finden, den klaren Verstand, den Humor, die Barmherzigkeit und den kreativen Einfallsreichtum eines Gottes zu verstehen, der häufig aufs Katastrophalste als engstirnig, schlichtsinnig, humorlos und, um ehrlich zu sein, als langweilig missverstanden wird.

Ich habe über Jeffs Briefe eine Menge gelacht, nicht zuletzt, weil sie Schilderungen einiger hochnotpeinlicher Momente enthalten. Ebenso wichtig ist, dass ich ein wenig über sie geweint und viel aus ihnen gelernt habe. Wie könnte ich das auch nicht, wenn ich darin immer wieder einen Mut machenden Blick auf das traurige, aber lächelnde Gesicht Jesu erhaschen konnte?

Kommen Sie und gesellen Sie sich zu uns. Lauschen ist erlaubt. Sie sind uns sehr willkommen.

EINLEITUNG: JEFF

Es war eine geflüsterte Idee beim Abendessen. Adrian und ich besuchten gerade eine christliche Veranstaltung, die so unsäglich langweilig war, dass es uns vorkam, als wäre der Abend als Therapie für Leute gedacht, die an chronischer Schlaflosigkeit leiden. Unsere Blicke schweiften durch den Raum über die halb geschlossenen Augen und herabsackenden Schultern des Publikums, das sich verzweifelt bemühte, gegen den Schlaf anzukämpfen. Der betäubend eintönige Vortrag schien dazu angetan, die Telefonzentrale des Seelsorgenotrufs zum Absturz zu bringen. Da kam uns beiden der Gedanke, es könnte nützlich sein, uns einmal zu unterhalten. Doch damit war eine doppelte Schwierigkeit verbunden. Erstens sind wir beide ständig auf Achse, sodass wir fürchteten, unsere nächste Begegnung im Fleische (ich zögere, diesen Ausdruck zu verwenden, weil ich mir dabei immer vorkomme wie ein Nudist) könnte durchaus eines unserer Begräbnisse sein. Und dann würde unsere Gelegenheit, miteinander ins Gespräch zu kommen, an sehr enge Grenzen stoßen, da ja einer von uns beiden in einer Fichtenholzkiste liegen würde. (Macht mir meine lieber aus Eiche. Fichte ist so was von aus den Achtzigern.)

Das andere Problem ist: Wenn Christen sich zu laut unterhalten, besonders über heikle Glaubensfragen, dann gibt es so eine Sorte selbst ernannter Gedankenpolizisten, die gleich mit Blinklicht und plärrender Sirene zur Stelle sind, um die unglückliche geschwätzige Seele zu verhaften, unter

Häresieanklage zu stellen und an Ort und Stelle in Flammen zu setzen. Den Geruch von brennendem Fleisch fand ich noch nie sonderlich verlockend, besonders, wenn es mein eigenes ist. Diese Befürchtung wirkt sich demzufolge etwas dämpfend auf jedes Gespräch aus. Leider bedeutet das, dass viele von uns in ihren eigenen Köpfen gefangen sitzen, eingemauert mit schwierigen Ängsten, Zweifeln und Theorien, ohne die Möglichkeit zu haben, sie zusammen mit allen anderen an die frische Luft und ins Licht der Sonne zu bringen. Das kann ein ziemlich klaustrophobisches Gefühl werden, und nach einer Weile fangen die Mauern im Kopf an, immer mehr zusammenzurücken und einem den Glauben zu einem schrumpfenden kleinen Paket zusammenzuquetschen. Wenn das zu lange so geht, fängt man irgendwann an, sich in Fantasien über einen groß angelegten Fluchtplan aus der Sekte zu ergehen. Wenn die Kirche sich in so etwas wie das Kriegsgefangenenlager Colditz verwandelt und das Wachpersonal mit Maschinenpistolen bewaffnet ist und Fischaufkleber an den gepanzerten Truppentransportern hat, wird es Zeit, einen Tunnel zu graben.

So fassten Adrian und ich den Plan, einen Briefwechsel zu führen. Das bringt natürlich seine eigenen Risiken mit sich, da er ein so brillanter Schriftsteller ist und ich zwar möchte, dass er gut dasteht – aber wenn er so gut dastünde, dass ich daneben wie ein Dorfdepp aussähe, wäre mir das auch nicht recht. Es gab Momente, in denen ich mir angesichts seiner Kunstfertigkeit mit Worten wie ein Bauer vorkam, aber das macht mir nichts aus. Ich kenne Adrian seit Jahren als einen warmherzigen, freundlichen, frustrierten, fröhlichen, traurigen, hoffnungsvollen Kerl, und dieser Austausch hat Spaß gemacht, war heilsam und ging ohne jeden Anflug von Druck vonstatten. Wir hatten die Möglichkeit, unsere Wäsche zu lüften, aber wir mussten sie hinterher nicht gleich säuberlich plätten und mit rasiermesserscharfen Bügelfalten versehen.

Nun also willkommen bei unserem Plausch. Schön, dass Sie sich einen Stuhl genommen haben.

EINS

Lieber Jeff,
in mir ist eine Erinnerung hochgekommen. Es geht um etwas, was mir vor zwanzig Jahren passiert ist, und ich möchte die Geschichte jemandem erzählen. Ich glaube, Du wirst es vielleicht verstehen. Du bist ja immer auf die Wahrheit aus, obwohl Du Christ bist. Außerdem möchte ich Dir von einer faszinierenden Begegnung erzählen, die ich erst vor ein paar Wochen mit einem christlichen Vortragsredner hatte, der behauptete, seinen Glauben verloren zu haben. In gewisser Hinsicht gehören die beiden Geschichten zusammen. Jedenfalls denke ich das. Vielleicht siehst Du es anders. Ich fange mit der Erinnerung an.

Neben dem neuen Supermarkt in unserem Städtchen befindet sich eine Kneipe namens »The Bandolier«, ein anheimelnd windschiefes Haus in Familienbesitz, das wohl aus der spätviktorianischen Zeit stammt. Während der letzten beiden Jahrzehnte ist im Innern eine Menge verändert worden, aber vor zwanzig Jahren gab es dort drei Schankräume. Zwischen der Saloon Bar, in englischen Wirtshäusern traditionell eine etwas elegantere, weniger turbulente Umgebung, und der Public Bar lag als Übergang oder vielleicht auch Pufferzone ein kleiner Verkaufsraum für Wein und Spirituosen, in dem ein teddybärförmiger Mann mit schütterem Haar tätig war, der jede Transaktion mit den unerklärlichen Worten »'n Schönen auch, Chef« abschloss. Die deutlich weniger elegante Public Bar war der Ort, wo man

Darts, Billard und Domino spielen konnte. In diesem Teil der Kneipe konnte es bisweilen ziemlich laut und krakeelig zugehen, wenn auch meist auf eine gutmütige Art und Weise. Der dritte Schankraum, auf den es in meiner Geschichte vor allem ankommt, wurde »Snug« genannt. Er war klein, behaglich und im Allgemeinen sehr ruhig. Ein gemütlicher Ohrensessel von einem Raum und ein vorzügliches Außer-Haus-Wohnzimmer für Leute wie mich, die gern in einer Ecke sitzen und sich eines guten Buches und eines Glases Harveys Bitter erfreuen – eines süffigen Biers, gebraut von sterblichen Menschen, doch erdacht und erschaffen von Gott selbst.

Dort ließ ich es mir also an einem frühen Abend im Oktober wohl sein. Ich saß an einem kleinen Tisch in der Ecke und genoss die heilsame Kraft der Ruhe, die Qualität des Biers, die scharfe Frische der Jahreszeit und die meisterhafte Konstruktion von G. K. Chestertons *Die Ehre des Israel Gow*, meiner Lieblings-Pater-Brown-Geschichte.

Die einzigen anderen Gäste in der Bar waren zwei ziemlich schmuddelige ältere Männer (ganz im Gegensatz zu mir, der ich ein schmuddeliger Mann mittleren Alters war). Was das Bier anging, war ich damals ein Nipper und Genießer, doch diese beiden tranken für England. Sie waren leidenschaftliche Schlucker und Exer, und je mehr von dem goldenen Nass sie sich in die Hälse schütteten, desto heftiger stritten sie miteinander. Es wurde immer schlimmer, immer lauter, immer zusammenhangloser. Fäuste krachten auf Tische, Stühle ratschten über die Dielen, bis sich schließlich die anheimelnd bierige Atmosphäre vor Flüchen und Schimpfwörtern blau färbte und die beiden Streithähne sich auf ihre nicht mehr ganz standsicheren Beine erhoben, um ihre Meinungsverschiedenheit auf höherer Ebene weiter auszutragen.

Das gab dem Wirt sein Stichwort.

Dieser Zeitgenosse von eindrucksvoller Leibes- und Autoritätsfülle betrieb die Kneipe seit vielen Jahren. Tom war zu allen seinen Gästen freundlich und zuvorkommend, aber schlechtes Benehmen duldete er nicht. Wer Ärger machte, flog raus. So einfach war das. Er und ich hatten uns hin und wieder ein wenig unterhalten. Zu dieser Zeit unseres Lebens traten Bridget und ich (übrigens, liebe Grüße von uns beiden an Kay) fast jeden Abend spät in einer Fernsehsendung namens *Join the Company* auf. Ausgestrahlt im Süden Englands vor den Zeiten des Rund-um-die-Uhr-Fernsehens, war dies der letzte Programmpunkt vor dem kleinen, in die Ferne entschwindenden weißen Punkt, an den sich heute kaum noch jemand erinnert. Darin ging es um eine Gruppe von vier oder fünf Leuten, zumeist Christen, die um einen Tisch saßen und sich über Liebe, Tod, Sex, Krieg, Finanzen, Trauerfälle und andere Fragen unterhielten, die sich leicht in einem Zeitraum von nicht mehr als zehn Minuten besprechen lassen. Weil die Sendung erst so spät lief, bestand unser Publikum größtenteils aus Leuten, die an Schlaflosigkeit litten, aus Taxifahrern, Leuten, die gerade noch Snooker geschaut hatten und noch nicht dazu gekommen waren, ihren Fernseher auszuschalten, belustigten Studenten, Polizisten, Nachtwächtern, Leuten mit Depressionen und natürlich aus Kneipenwirten. Ich wusste, dass der Wirt des »Bandolier« sich diese mehr oder weniger christliche Sendung schon recht häufig angesehen haben musste, denn er hatte mich schon hin und wieder auf meine Mitwirkung dabei angesprochen.

Mit Getöse kam Tom ins Snug gestampft. Eine finstere Miene lag auf seinen großflächigen Gesichtszügen.

»He, ihr beiden!«, donnerte er. »In meiner Kneipe wird nicht geflucht! Raus! Aber dalli!«

Dann stieß er zu meinem unaussprechlichen Entsetzen seine schinkengroße Hand in meine Richtung und gab, wie um seinem Vorgehen den letzten Rest an Rechtfertigung zu verleihen, die folgenden erschütternd unvergesslichen Worte von sich:

»Da sitzt ein frommer Herr in der Ecke. Raus!«

Mit einer solchen Urgewalt war nicht zu feilschen. Nach einer kurzen Dick-und-Doof-Szene, die sich noch in der Tür abspielte, schlurften die Missetäter hinaus in die frische Herbstluft, ohne ihre gegenseitigen Beschimpfungen zu unterbrechen. Daraufhin kehrte Tom, nachdem er die Beendigung der Affäre mit einem nachdrücklichen Nicken und einem Schlag beider Handflächen auf den Tresen besiegelt hatte, zu seinen Pflichten in der Public Bar zurück. Ich blieb in trostloser Einsamkeit zurück. Mein Band mit Kurzgeschichten lag ungelesen da. Von meinem großen Glas Harvey's hatte ich noch nicht einmal genippt.

Ich war also ein frommer Herr, der in der Ecke saß. Dass Leute aus der Kneipe geworfen wurden, weil sie fluchten, lag teilweise an mir. Zweifellos hätte Tom genau das Gleiche getan, wenn ich gar nicht da gewesen wäre, aber ich spürte, wie mir die Wangen rot anliefen bei dem bloßen Gedanken, meine »Frömmigkeit« tauge lediglich als negative Motivation für Heiden, ihre Zunge im Zaum zu halten. So viel zum Thema herausforderndes Christsein, was? Die beiden alten Kerle, die mehr getrunken hatten, als gut für sie war, waren in die Finsternis hinausgeworfen worden, während ich mit meinem Bier und meinem Buch im warmen Snug bleiben durfte. Ich weiß noch, wie ich einmal einen Witz über einen irischen Christen gemacht hatte, der Bibeln aus China *heraus*schmuggelte und darüber staunte, dass die Grenzwachen sie wie durch ein Wunder nie zu bemerken schienen, aber im »Bandolier« war mir sozusagen dasselbe passiert. Das Leben des Evangeliums wurde auf den Kopf gestellt. Jesus geht in die Kneipe, und die Stammgäste fliegen im hohen Bogen hinaus. Ach je …

Die Sache ist die, Jeff. Mag sein, dass ich da auf ein bestimmtes Ereignis überreagiert habe, aber an diesem Tag wurde so eine Art Keim in meinen Verstand oder meinen Geist gesetzt. Es war der Keim der Entscheidung, dass ich weder in einem metaphorischen noch in sonst irgendeinem wesentlichen Sinn als frommer Herr in der Ecke enden würde. In der Kirche gibt es reichlich genug davon, ohne dass ich das Problem auch noch größer mache. Ich hoffe, wir werden noch in so mancher Kneipe zusammensitzen, Du und ich. Aber lass uns dann nicht fromm sein. Lass uns lediglich genauso gentlemanlike sein wie Jesus, und lass uns so viele Leute wie möglich zu uns in die Ecke einladen. Was meinst Du?

Und nun die zweite Geschichte, die noch nicht so lange zurückliegt.

Eines Tages rief mich ein Mann an. Ich war ihm noch nie begegnet und konnte mit seinem Namen nichts anfangen, aber er erzählte mir, er sei einige Jahre lang als christlicher Vortragsredner und Evangelist unterwegs gewesen, nachdem er sich vom Islam zum christlichen Glauben bekehrt hatte.

»Die Sache ist die«, sagte er. »Ich habe meinen Glauben verloren. Ich glaube das ganze Zeug einfach nicht mehr. Gott ist nicht gleich hinter der nächsten Ecke. Er greift nicht in unser Leben ein, und alles, was ich den Leuten jahrelang erzählt habe, war nur ein Haufen Unsinn. Ich dachte mir, dass wir beide uns vielleicht mal treffen und darüber reden könnten, was mit mir passiert ist.«

Ich stimmte ein wenig nervös zu, und so trafen wir uns in einem kleinen Café in der Nähe der Brighton Lanes, wo man hervorragend essen und Kaffee trinken kann. Mein neuer Freund (ich werde ihn Ted nennen) erzählte mir alles noch einmal, was er mir schon am Telefon erzählt hatte, und dann noch eine Menge mehr. Es hörte sich ziemlich nachdrücklich und endgültig an, wie er davon sprach, er habe sogar den Glauben an die Existenz Gottes völlig verloren. Die ganze Zeit über schrie ich, wie es in solchen Situationen meine Art ist, innerlich zu Gott und bat ihn, mir irgendetwas Dynamisches und Nützliches zu geben, was ich dem Mann sagen konnte.

Keine Antwort! Wo ist Gott, wenn man ihn braucht? Also beschränkte ich mich darauf, zu nicken und mitfühlend vor mich hin zu murmeln und mit der Zunge zu schnalzen und all das zu tun, was man in solchen Situationen eben tut, anstatt sich vernünftig zu benehmen. Nachdem mit Teds Erklärungen und meinen schwachsinnigen Soundeffekten etwa eine Stunde vergangen war, ging mein Gegenüber nahtlos zu den Gelegenheiten über, bei denen er sich Gott wirklich nahe gefühlt hatte, und erzählte mir, wie viel ihm diese Momente bedeutet hatten. Leicht verwirrt über seinen abrupten Richtungswechsel konnte ich auch jetzt außer dem erwähnten Gemurmel und Geschnalze wenig zum Gespräch beitragen, obwohl ich hinzufügen muss, dass ich hier und da ein recht ausdrucksstarkes Nicken einbaute.

Als wir uns ein wenig später trennten, sagte Ted: »Ich möchte dir danken für das, was du mir heute Morgen gesagt hast. Es war mir wirklich eine große Hilfe.«

Einen Moment lang starrte ich ihn an und versuchte, wie jemand auszusehen, der gerade etwas Profundes gesagt hat. Ich bezweifle, dass es mir gelungen ist.

»Ah«, erwiderte ich, »das ist gut. Gut! Das ist – das ist wirklich gut.«

Später dann, im Zug nach Polegate, fragte ich mich, was mit Ted eigentlich los gewesen war. Wäre ich eine bestimmte

Sorte Christ, so würde ich Dir jetzt sagen, Gott habe mir diese Frage beantwortet. Vielleicht hat er es getan. Ich weiß es nicht. Doch woher sie auch gekommen sein mag, Jeff, die Antwort auf meine Frage war, dass Ted seinen Glauben überhaupt nicht verloren hatte. Er hatte alles andere verloren, nur nicht seinen Glauben.

Damit meine ich, dass er seinen Glauben an den Gott verloren hatte, der hinter unserer Schulter steht wie eine Art göttlicher Butler, der nur darauf wartet, sich um jede Kleinigkeit zu kümmern, an der es uns mangeln oder gebrechen mag, und häufig entlassen wird, wenn etwas wirklich drastisch schiefgeht oder er nicht servieren kann, was wir uns wünschen. An jenen Gott, der sich um alle feinen Details unserer Hypotheken kümmert, aber aus irgendeinem unerklärlichen Grund nie etwas gegen unsere unablässige, scheuklappenbewehrte Habgier einwendet. An den müden, langweiligen, verwässerten, westlichen Gott, der beim Supermarkt einen Parkplatz für Mrs. Blenkinsop von der Überfließend Lebendigen Glaubensgemeinde der Letzten Offenbarung frei hält, aber ein verhungerndes Kind auf den Straßen der Slums von Bangladesh nicht vor dem Tod bewahren kann. Und warum nicht? Weil es nicht genug Christen gibt, die bereit sind, sich selbst oder ihr Geld oder ihre Zeit da einzusetzen, wo er sehnlichst denen, die ihn am meisten brauchen, mit seiner Liebe begegnen möchte.

Aslan ist auf dem Weg, sagt man. Ist er das? Ist er wirklich auf dem Weg? Verbringt er etwa seine meiste Zeit damit, auf Supermarktparkplätzen herumzustehen und bei jedem Auto, das keinen Fischaufkleber auf der Heckklappe hat, »Grrrrh!« zu machen? Du weißt, was das ist, stimmt's, Jeff? Das ist der Deal-or-No-Deal-Gott. Der Gott, der ein bisschen so aussieht wie ein älter gewordener Guido Cantz und über einer Welt präsidiert, in der Zufälle, wenn sie geschehen, als erstaunlich und bedeutsam betrachtet, und wenn sie nicht geschehen, geflissentlich ignoriert werden.

Ted war mit der eigentlichen Substanz seines Glaubens konfrontiert worden. Ich glaube, er muss sich, wie wir alle hin und wieder, der Tatsache stellen, dass echter Glaube nicht nur wegen, sondern auch trotz allem überlebt. Mag sein, dass wir heulen und toben, aber dem müssen wir ins Gesicht sehen. Petrus musste sich bei Jesus auch dieser Tatsache stellen. Es zerriss ihn fast in Stücke. Wie schwer ist es doch, unsere kindischen und falschen Vorstellungen von Gott hinter uns zu lassen und dahin zu kommen, wo wir ein kindliches Bewusstsein genießen oder fürchten oder damit ringen, das Bewusstsein, dass es unsere Aufgabe ist, an ihn zu glauben und ihn zu lieben und ihn – wage ich es auszusprechen? – zu preisen, egal, was passiert oder nicht passiert. Das ist schwer, nicht wahr? Unglaublich schwer. Vielleicht bist Du ja schon so weit. Ich noch nicht.

So, das waren meine beiden Geschichten, Jeff. Und jetzt habe ich eine Frage an Dich. Wenn wir beiden Herren in eine Ecke gedrängt und gezwungen würden, absolut ehrlich zu sein, was unsere Frömmigkeit anbelangt, was für eine Wahrheit würde dabei zum Vorschein kommen? Und würde sie uns wohl frei machen? Vielleicht schon, glaube ich. Ich hoffe es. Wir könnten es zumindest einmal versuchen, oder? Du bist dran.

Liebe Grüße, Adrian

ZWEI

Lieber Adrian,
wie schön, von Dir zu hören. Auch ich bin ein Fan (vielleicht sogar ein Verehrer) des herrlichen Biers, das Du erwähnt hast. Vielleicht sollte das alte hebräische Wort Manna mit »Harvey's Sussex Bitter« ins Englische übersetzt werden. Doch das wäre wahrscheinlich eine unsinnige Irrlehre, da den Israeliten ja das Manna irgendwann langweilig wurde. Dagegen würde eher der Kosmos implodieren, als dass ein Mensch dieses epischen Gebräus aus Sussex überdrüssig werden könnte.

Ich fand es faszinierend, von den beiden alten Haudegen zu hören, denen im »Bandolier« die Tür gewiesen wurde, weil ein »frommer Herr in der Ecke« anwesend war, nämlich Du. Ich frage mich, ob sie mit ihren biervernebelten Hirnen überhaupt in der Lage waren, ihren Rauswurf irgendwie zu verarbeiten, während sie die Straße entlangwankten, nachdem ihr Abend wegen der Anwesenheit eines »heiligen Mannes« ein so plötzliches Ende gefunden hatte. Leider ist es uns Christen schon immer ziemlich gut gelungen, den Eindruck zu erwecken, wir wären himmlisch gesinnte Spielverderber, die Spaß vor dem Tod für verboten halten (selbst wenn es ganz harmloser Spaß ist). Nicht, dass es besonders harmlos wäre, wenn zwei Kerle im vorgerückten Alter sich gegenseitig eins auf die Glocke geben. Aber es gibt immer noch manche Jesusnachfolger, die jede Art von Spaß mit der gleichen schmallippigen Abscheu betrachten wie einen dringend salbungsbedürftigen Hautausschlag. Zu Christen fällt den meisten Leuten nicht unbedingt irgendetwas Lautes, Ausgelassenes oder gar Riskantes ein. Man erwartet von uns, dass wir durch und durch »ausgeglichen« und »konservativ« sind – nur fürchte ich, dass das nur Codewörter für »fade« sind. Kürzlich kam ein ziemlich griesgrämiger Mann auf mich zu, nachdem ich eine Predigt mit etwas Humor gewürzt hatte (das ist Dir bestimmt auch schon mal passiert, Adrian, oder?). Er behauptete, Christen sollten keinen Spaß, sondern Freude haben. Er selber freilich schien keines von beiden zu haben. Und überhaupt, im Vergleich zu einem lauthals schallenden Lachen kommt mir »tiefe Freude« wie eine unwillkommene zimperliche Cousine zweiten Grades vor. Ich kenne Christen, die behaupten, voller Freude zu sein, aber so ein verkniffenes Gesicht machen, dass man meinen könnte, sie versuchten gerade, etwas von der Größe eines Kamels in die Schüssel zu drücken. Du bist doch so etwas wie ein Pionier auf dem Gebiet, Christen zum Lachen zu bringen. Warum fällt es uns eigentlich so schwer, uns zu entspannen?

Aber was ich interessant finde, ist die Reaktion von Tom, dem Kneipenwirt. Wie Du sagst, hätte er die beiden faltigen Möchtegerngladiatoren sicher auch so rausgeworfen, weil er nun einmal einer ist, der seinen Laden in Ordnung hält. Aber offensichtlich meinte er ja, er täte Dir einen Gefallen damit. Er wollte nicht, dass Du Dich durch die krakeelenden alten Knacker belästigt fühlst, wo Du doch in einer Fernsehsendung mitwirktest, in der es um Gott ging. Also eilte er zu Deinem Schutz herbei, um Deine Ohren vor den anstößigen Kraftausdrücken zu bewahren.

Mir scheint, Leute, die *keine* Christen sind, nehmen gegenüber ihren christlichen Zeitgenossen einen von zwei extremen Blickwinkeln ein – entweder den, wir seien zu schwach, um mit der wirklichen Welt fertig zu werden, oder den, wir seien zu stark, um uns mit ihr abzugeben.

Lass mich das erklären. Manche von uns erwecken den Eindruck, unser Glaube sei so zerbrechlich, dass wir uns unmöglich dem rauen Gerangel der realen Welt um uns her aussetzen könnten. Wir perfektionieren den Blick von oben herab und das missbilligende Zungenschnalzen und benehmen uns wie leidende Patienten. Am anderen Ende der Skala sind die Christen, die den Eindruck vermitteln, wir seien unangreifbar stark und hätten alles im Griff. Wir seien Leute, die schon angekommen sind, nicht solche, die noch auf dem Weg sind. Deshalb fluchen wir nicht, wir werden nicht lüstern, wütend oder deprimiert, und wenn wir mit der großen schmutzigen Welt aneinandergeraten, benehmen wir uns wie Ned Flanders aus *Die Simpsons* auf einem Striptänzerinnen-Kongress. Vielleicht müssen wir uns einfach gegenseitig zubilligen, die menschlichen, chaotischen, unfertigen Gotteskinder zu sein, die wir sind. Vielleicht würde das dem einen oder anderen betagten Kneipenstreithahn eine Unterkühlung ersparen.

Wo ich gerade beim Thema bin, Adrian, würde ich Dir gerne auch eine Kneipengeschichte erzählen, die ich kürzlich erlebt habe. Leider ist es eine der wenigen Geschichten, die ich habe, in denen ich ziemlich gut dastehe. Entschuldige bitte. In den meisten meiner Anekdoten bin ich so eine Art Mr. Bean mit einer Bibel: ein total tollpatschiger Typ, der von einer Riesenblamage in die nächste segelt. Ich habe schon an anderer Stelle darüber geschrieben, deshalb erzähle ich sie hier nur in groben Zügen.

Ich war mit Kay (sie lässt herzlich grüßen!) auf einer landesweiten Pastorenkonferenz in San Diego. Dort waren zweitausend Pastoren versammelt, und ich war einer der Referenten. An einem Abend gingen wir in die Hotelbar, und drei leicht angetrunkene Männer gesellten sich zu uns. Anfangs plauderten sie nur und erzählten uns in bester Laune alles Mögliche von sich. Dann fragten sie Kay, wie eine so schöne Frau dazu komme, einen so alten Mann wie mich zu heiraten. Schließlich schwankten sie hinüber zur Karaoke-Anlage. Vor den Augen der anderen Pastoren widmete einer von ihnen uns das Lied, das sie singen wollten.

Zuerst war mir das äußerst peinlich. Was würden die anderen Pastoren denken? Aber dann dachte ich mir, sei's drum. Das Entscheidende war doch, dass diese drei gerne Zeit mit uns verbrachten. Daraus habe ich etwas gelernt …

Genau wie Du möchte ich jemand sein, mit dem Leute, die Gott nicht kennen, gerne zusammen sind. Das heißt nicht, dass unser Leben andere Leute niemals vor Herausforderungen stellen sollte: Schließlich sind wir berufen, das Salz der Erde zu sein, nicht der Zucker. Ich will keineswegs sagen, dass wir uns stromlinienförmig anpassen sollten, bis wir genauso aussehen und uns genauso anhören wie alle anderen, nur damit uns die Leute mögen.

Doch die Unterhaltung an jenem Abend und die Widmung dieses Liedes stoßen mich an zu dem Gebet, Gott möge mich zu jemandem machen, der gewinnend genug ist, um der einen oder anderen Einladung zu einer Party oder zum Essen für wert erachtet zu werden. So war es schließlich auch bei Jesus, dem wir nachfolgen. Aber das wird immer ein bisschen gefährlich sein. Dass er sich mit den Unheiligen abgab, brachte es mit sich, dass er von den Frommen ständig missverstanden wurde. Doch er ließ sich nicht davon abbringen und war fest entschlossen, Zeit mit den »falschen« Leuten zu verbringen, die ihn liebten, und das nicht nur wegen seiner legendären Fähigkeit, auf Partys für hervorragenden Wein zu sorgen. Um Deine Analogie von den frommen Herren in der Ecke auszuborgen – Jesus wechselte die Ecken. Diejenigen, die ihm nachfolgen, sollen so sein wie er. Und so zu sein wie er bedeutet, die gleichen Risiken einzugehen.

Diese ganze Geschichte mit der Frömmigkeit in der Ecke bringt mich zu Deinem Freund Ted. Ich war traurig und froh zugleich, von seinem verloren gegangenen Glauben und eurer Unterhaltung zu hören. Im Laufe der Jahre habe ich auch eine Menge von *meinem* Glauben verloren. Adrian, Du kanntest mich schon in meinen frühen Jahren als christlicher Eiferer. Ich konnte mit »Antworten« um mich werfen wie ein Karnevalsprinz mit Plombenziehern. Die Konturen meines Glaubens waren ganz klar und scharf. Und die Menschen betrachtete ich mit demselben Schwarz-Weiß-Denken, mit dem ich auch an meinen Glauben heranging – sie waren entweder drinnen oder draußen, gut oder schlecht, »einwandfrei« oder fragwürdig. Dass ich mich bei einer Unsicherheit oder einem Zweifel hätte erwischen lassen, war ungefähr so wahrscheinlich wie ein Auftritt des Erzbischofs von Canterbury als Modell bei einem »Friseur-des-Jahres«-Wettbewerb. Ich machte mir auch große Sorgen um die Wiederkunft Jesu, was Besuche im Supermarkt zu regelrechten Zitterpartien werden ließ. Kay verschwand irgendwo in den Gängen, und nachdem ich zehn Minuten lang fieberhaft nach ihr gesucht hatte, war ich fest davon überzeugt, dass Jesus wiedergekommen sei. Mist. Ich war zurückgelassen worden, und jetzt blühte mir, in kochendes Öl geworfen zu werden, weil ich ein Christ war. Dann stellte ich fest, dass sie gar nicht den vertikalen Abflug gemacht, sondern nur auf der Suche nach Fischstäbchen in der Kühltruhe herumgewühlt hatte. Mein Glaube damals war ein seltsamer Cocktail aus blinder Gewissheit, durchsetzt mit blankem Schrecken (eine sehr merkwürdige Kombination).

Vieles hat sich verändert. Ich bin immer noch genauso

überzeugt von Jesus wie eh und je (meistens jedenfalls – es gibt immer noch Momente, in denen ich im Stillen hoffe, dass wir uns nicht alle nur etwas vormachen), aber mir rollen sich heute regelmäßig die Zehennägel auf, wenn Christen mit einfachen Antworten auf schwere Fragen um sich werfen. Aus diesem Grund hat Kay mir inzwischen strikt untersagt, mir bestimmte Evangelisten auf christlichen Fernsehsendern anzuschauen. Hauptsächlich, weil sie es nicht leiden kann, eine Ladung Müsli von der Mattscheibe tropfen zu sehen.

Einen davon schaute ich mir neulich an, als ich gerade mein »Special K« mit Himbeeren und fettarmer Milch zu mir nahm (das sind viele Einzelheiten, ich weiß, Adrian, aber ich spüre eine Welle der Andacht in mir aufsteigen, wenn ich von einer so gesunden Mahlzeit spreche). »Gott hat mir einen Weg gezeigt, wie man Ärger und Druck in dieser Welt vermeiden kann«, tönte er und wedelte mit der Bibel in die Kamera. Die Ironie dieses Bibelgewedels entging mir nicht: Ist dieses Buch doch voller Geschichten von treuen und gläubigen Nachfolgern Gottes, die gejagt, in Öfen geworfen, gesteinigt und geschlagen und sogar gekreuzigt wurden. Das alles hört sich für mich nicht gerade nach Vermeidung von Ärger und Druck an.

Aber offenbar kannten dieses Leute nicht das Geheimnis eines einfachen Lebens, das der Evangelist zu bieten hatte, nämlich eine gebührenfreie Nummer anzurufen und die Kreditkarte mit einer ordentliche Spende zu belasten. »Gott hat etwas in Ihre Hand gelegt, wovon er möchte, dass Sie es mir schicken«, rief er. Mein Blick fiel auf die Schale mit breiigem Müsli, die ich in der Hand hielt. »Nein, Schatz«, sagte Kay hinter mir, gerade noch rechtzeitig …

Adrian, bei so etwas möchte ich meinen Glauben am liebsten gleich ganz über Bord werfen. Doch auch nur ein *wenig* von dem Glauben zu verlieren, den ich früher einmal hatte, indem ich versuche, die Schlacke wegzuwerfen und das Gold festzuhalten, ist eine beängstigende Geschichte. In mancher Hinsicht war die alte, solide Landschaft eine tröstlichere Umgebung. Ich frage mich, wohin meine verschlungenen Wege mich wohl führen werden.

Und dann all die Dinge, die einem das Leben auf dem »Planeten Christentum« sehr schwer machen können – du weißt schon, das Zusammensein mit anderen Gläubigen. Allein gestern musste ich drei Mal fest die Zähne zusammenbeißen, als ich mich mit einer Reihe von Christen unterhielt, die mir sagten, a) die globale Erwärmung sei ein Mythos, b) Gott werde über Amerika Gericht halten, weil er Obama nicht möge, und c) Gott sei heute gut zu ihnen gewesen. Die ersten beiden Ideen werde ich keines Kommentars würdigen – aber selbst die dritte finde ich verwirrend. Wenn Gott heute so gut ist, heißt das, morgen hat er vielleicht frei, und am Donnerstag müssen wir mit einer Zeit göttlicher Ungezogenheit rechnen?

Und das Gebet ist mir zu einem kompletten Rätsel geworden. Ich meine nicht nur, dass es dabei verwirrende Aspekte gibt. Das ganze Thema ist in einer dichten Nebelbank verschwunden. Früher hatte ich Probleme mit Gebeten, die nicht beantwortet wurden – doch heute finde ich die *beantworteten* Gebete noch viel verwirrender. Wenn ich mir diese vor Hunger und Leid schreiende Welt anschaue, macht es mich sprachlos, dass wir hier im reichen Westen überhaupt irgendwelche Antworten auf Gebete bekommen. Von freien Parkplätzen will ich gar nicht reden. Und doch … bekommen wir sie. Gott interessiert sich für unsere banalen Anliegen, obwohl nur Gott weiß, warum. Die Haare auf unseren Köpfen sind gezählt. (Auf meiner Schulter sitzt vermutlich ein Engel mit einem Taschenrechner, weil meine von Minute zu Minute weniger werden. Du hast eine Frisur. Ich habe eine schrumpfende Halbinsel.)

Deine Unterhaltung mit Ted war offensichtlich ein echtes Geschenk von Gott und vielleicht eine Antwort auf das Gebet irgendeines Menschen. Er hatte jemanden, mit dem er gemeinsam nachdenken, ja gemeinsam zweifeln konnte. Vor allem hatte er jemanden, der Interesse hatte, ihm zuzuhören. Ich bin sicher, Deine kleinen Grunzer waren äußerst profunde Grunzer, aber es hört sich so an, als hättest Du mehr zugehört als geredet.

Tut mir leid, ich muss noch mal auf das »Bandolier« und die beiden alten Säufer zurückkommen, die da auf die Straße befördert wurden. Vielleicht brauchen wir Kirchen, in denen es so ein Snug gibt. Einen Ort, wo wir uns im Gespräch auf unsicheres Eis begeben können, ohne gleich irgendwelche felsenfesten Wahrheiten verkünden zu müssen. Wo wir aufeinander hören, anstatt nur aufeinander einzureden. Wo wir frei von der Leber weg reden können, ohne fürchten zu müssen, dass wir als Häretiker auf den Scheiterhaufen kommen. Wo wir nicht dadurch Sicherheit gewinnen, dass wir uns an Slogans klammern, die nicht funktionieren, sondern dadurch, dass wir spüren: Die Wahrheit hält es aus, wenn man darin herumstochert.

Und wenn ich zuhören sage, meine ich *wirklich* zuhören, nicht nur mit dem Strom dessen schwimmen, was sich in unserer Welt so tut. Jemand, der weiser ist als ich, hat einmal gesagt: Wenn man sich die Gespräche zwischen manchen Nationen und manchen Ehepaaren anhört, hört man die Dialoge der Tauben. Was meinst Du?

Danke, dass Du Ted zugehört hast. Und mir.

Liebe Grüße,

Jeff

DREI

Lieber Jeff,
es war eine Freude, Deinen Brief zu bekommen. Ich habe ihn verschlungen, wie ein hungriger Mann die erste wirklich sättigende Mahlzeit verschlingt, in die er seit Langem seine Zähne hat schlagen können. Bin ich froh, dass Du nicht von Deiner Albernheit geheilt worden bist! Wenn es je eine von Gott geschenkte Krankheit gab, dann diese. Ich leide an demselben Gebrechen, und es macht mir viel Freude, wenn ich auch manchmal vorsichtig sein muss. Erst kürzlich übernachteten Bridget und ich durch eine merkwürdige Unachtsamkeit in einem christlichen Gästehaus. Als wir am Morgen hinunterkamen, um uns an Eiern mit Speck zu laben, begrüßte uns ein großes Blatt Papier, das mit Reißzwecken an die Wand des Frühstücksraums geheftet war. Darauf standen die Worte:

JESUS
IST
AUFERSTANDEN!

Das hätte mir fast den Rest gegeben, Jeff. Wäre Bridget nicht da gewesen (nach Deiner Geschichte mit dem »breiigen Müsli« zu urteilen, hat Kay in Deinem Leben dieselbe Funktion wie Bridget in meinem) und hätte ich in diesem Augenblick einen Stift zur Hand gehabt, so hätte ich die Worte hinzugefügt:

UND ER KOMMT GLEICH HERUNTER!

Auch ich bin schon gelegentlich von Leuten angesprochen worden, die mich, so wie Dein »griesgrämiger Mann«, in dieser Hinsicht zurechtweisen wollten. Meistens kommen sie aus jenen Gemeinden, in denen die Spontaneität sehr sorgfältig organisiert wird. Vor über zwanzig Jahren zum Beispiel, kurz nachdem das *Tagebuch eines frommen Chaoten* erschienen war, manövrierte mich nach einer Veranstaltung, bei der, ich gestehe es, der Sünde unmäßigen Gelächters gefrönt worden war, ein großer, ernster, ausgesprochen dünner junger Mann prophetengleich in eine Ecke und begann ein Gespräch, das den folgenden Verlauf nahm.

Er: *(mit heiliger Strenge und so, als hätte er um des Evangeliums willen seine Fingerspitze in etwas Ekelhaftes gesteckt)* Ich habe Ihr Buch gelesen.

Ich: Ah ja. Nun – ja.

Er: *(mit einem leichten Anflug von Ratlosigkeit, aber ohne die geringste Aufhellung seiner Miene)* Es ist sehr witzig.

Ich: *(gequält)* Oh, gut. Das ist gut. Das ist …

Er: *(ernst)* Nur glaube ich, Nichtchristen sollten es nicht zu lesen bekommen.

Ich: Ach, wirklich? Warum nicht?

Er: Weil sie dann denken könnten, in der Gemeinde ginge es wirklich so zu.

Ich: Äh …

Manchmal freilich läuft man Leuten in die Arme, wie Du sicher nur zu gut weißt, Jeff, die noch sehr viel drastischer und beunruhigender aus der Spur geraten sind. Einmal begrüßte mich im Foyer eines Konferenzzentrums ein bissiger kleiner Terrier von einem Mann und kläffte mir laut ins Gesicht:

»Ich *hasse* Sie!«

Eine Lektion, die ich aus meiner Arbeit mit gestörten Jugendlichen und in jüngerer Zeit aus der Seelsorge gelernt habe (da gibt es faszinierende Ähnlichkeiten), ist es, mich in solchen Situationen im metaphorischen Sinn eher zurückzulehnen als vorzubeugen. Muss wohl so eine Art Judo sein.

»Ich glaube, wir kennen uns noch nicht«, sagte ich freundlich. »Warum hassen Sie mich?«

»Weil ich es nicht leiden kann«, knurrte er, »wie Sie sich in Ihren Büchern über die Kirche lustig machen.«

Ich fiel wie gewohnt in meine Rolle der demütigen Lernbereitschaft und nickte.

»Verstehe. Mit welchen Büchern speziell haben Sie denn Probleme?«

Völlig unerschrocken erwiderte er: »Ich habe keines davon gelesen. Und ich will sie auch nicht lesen, weil ich gehört habe, dass Sie sich darin über die Kirche lustig machen.«

Ich blieb noch einen Augenblick auf den Ballen wippend stehen und ging dann still weiter. Dass sich daraus noch ein produktives Gespräch entwickeln würde, hielt ich für eher unwahrscheinlich. Unmittelbar nach meinem ersten Beitrag dieses Vormittags jedoch sprach mich der menschliche Rottweiler erneut im gleichen aggressiv schneidenden Tonfall an.

»Jetzt *liebe* ich Sie!«

Er machte einen Schritt auf mich zu, warf seine beängstigenden, unverhältnismäßig langen Arme um meinen Leib (ich hatte den Eindruck, dass sie sich zweimal um mich herumschlangen, aber das kann ja wohl nicht stimmen, oder?)

und packte mich in eine schraubstockähnliche Umarmung. Während der nächsten drei Tage leitete er jede unserer Begegnungen mit dieser überschwänglichen Geste ein. Ich glaube, ich mochte ihn lieber, als er mich noch hasste ...

Also, warum albern wir eigentlich so viel herum, Du und ich? Ich vermute, es liegt daran, dass wir überhaupt nicht albern sind, wenn es um die Dinge geht, die wirklich zählen. Ich bin von gähnend langweiliger Ernsthaftigkeit, wenn es darum geht, Jesus nachzufolgen, und in meinem Glauben ermüdend orthodox. Aber ich habe gelernt, dass mithilfe des Lachens eine Menge Unrat aus dem Weg geräumt werden kann, unter dem die zentralen Wahrheiten, die niemals sterben werden, oft verborgen liegen.

Wo ist in dieser schönen, anstrengenden Welt diese Wahrheit zu finden? Ich glaube, in Deiner Geschichte von dem Karaoke-Abend liegt ein Schlüssel dazu. Ich finde diese Geschichte herrlich, Jeff. Sie hat mich an verschiedene Gelegenheiten erinnert, bei denen Leute mich gefragt haben, welcher Film mich als Christ am meisten inspiriert habe. Wenn ich dann antwortete, das sei der Film *The Commitments* gewesen, guckten sie immer ein bisschen verdutzt. Du kennst den Film wahrscheinlich – er handelt von einer Gruppe junger Leute in Irland, die alles tun, um eine Band auf die Beine zu stellen und groß rauszukommen. Der Film ist herrlich witzig, aber es wird darin auch hemmungslos geflucht, und er ist voller deutlicher sexueller Anspielungen. Hin und wieder geht es auch extrem gewalttätig zu.

Nun, was immer darin vorkommt, er bringt mich zum Weinen, und er bringt mich zum Beten. Er macht mir deutlich, dass Jesus in unserer Zeit genauso fest entschlossen ist, sich unter hoffnungsvolle, leidenschaftliche, fehlerhafte Menschen zu mischen, wie er es vor zweitausend Jahren war, als er als Mensch über diese Erde ging. Ich habe an anderer Stelle schon einmal von Lionel Blues Aussage gesprochen, das Judentum sei nicht sein Gefängnis, sondern sein Zuhause. Wenn man sich zu Hause geborgen fühlt, dann kann man an jeden anderen Ort der Erde gehen und vergisst doch nie, wo man wirklich hingehört. Man ist nie getrennt von der Liebe, die einen in seinem innersten Wesen behütet, egal, wo man ist und was einem passiert. Wo die Gemeinde hingegen zu einer Festung wird, verwenden wir unsere Energie entweder darauf, dafür zu sorgen, dass niemand Unerwünschtes hereinkann, oder darauf, Listen mit Vorschriften aufzustellen und unentwegt ängstlich Ordnung zu schaffen.

Du fragst in Deinem Brief, warum es Christen so schwerfällt, sich zu entspannen, Jeff. Ich frage mich, ob die Antwort auf diese Frage etwas mit dem fieberhaften Drang zu tun hat, alles immer schön in Reih und Glied zu halten. Da fällt mir ein: Kürzlich wurde ich wegen zweier Dinge zur Rede gestellt, die Bridget und ich im Laufe einer Wochenendfreizeit gesagt oder angedeutet hatten. Im ersten Fall ging es um Elia, der ja eine deiner Lieblingsgestalten ist, wie ich mich zu erinnern glaube.

Elia wird meist als einer der »großen« Propheten bezeichnet, aber wir wollten einmal genauer hinschauen, was das bedeuten könnte. Ich hatte gerade eine Reihe von Andachten speziell über Elia geschrieben und war dabei ziemlich fasziniert von der tiefen Kluft der Unzulänglichkeit, die zwischen seinen geistlichen Heldentaten und seiner allgemeinen Neigung klaffte, davonzulaufen oder aufzugeben, sobald es gefährlich wurde. Nach seinem dramatischen Sieg über die Baalspropheten auf dem Berg Karmel zum Beispiel rannte er wie ein Hase vor dem Zorn der Isebel davon, bis er schließlich mutlos unter einem Baum hockte und sagte: »Es ist genug.« Was, so könnte man berechtigterweise fragen, war mit diesem Kerl los? Hier war der Gott, der ihn aus einer fliegenden Speisekammer mit Essen versorgt, einer Witwe einen wundersam bodenlosen Ölkrug geschenkt, einen toten Sohn erweckt, mitten in einer Dürrezeit Regen gesandt und göttliches Feuer auf den Berg hatte herabregnen lassen. Warum in aller Welt sollte der nicht in der Lage sein, mit einer rabiaten kleinen Königin fertig zu werden?

Die Antwort scheint etwas mit der Gegenwart oder Abwesenheit des Geistes Gottes zu tun zu haben. Wenn es etwas zu tun gab und Elia mit dem Geist Gottes erfüllt wurde, war ihm nichts zu schwer. Doch in den Zeiten zwischen diesen übernatürlich gelenkten und erfüllten Ereignissen wurde er zu genau dem, was er war: zu einem nicht sehr starken, nicht besonders heldenhaften Menschenwesen. Da ich selbst auch ein nicht übermäßig starkes und wohl kaum heldenhaftes Menschenwesen bin, fand ich diese Erkenntnis sehr hilfreich. Die gute Nachricht, so sagten wir zu den Leuten auf der Wochenendfreizeit, sei die, dass Gott uns gebrauchen kann, was immer auch unsere Schwächen und Ängste sein mögen, solange wir nur zum Gehorsam bereit sind, wenn die Zeit zum Handeln gekommen ist. Das ist doch eine gute Nachricht für die meisten von uns unnützen Vertretern unserer Spezies, findest du nicht? Ein bisschen erschreckend sicher auch, aber letzten Endes doch gut.

Meine Herausforderin wollte wissen, ob ich ihr nicht zustimme, dass Elias Furcht und Selbstzweifel in Wirklichkeit Lügen des Feindes waren, der ihn von seinen Aufgaben abbringen wollte. Ich hatte den deutlichen Eindruck, dass sie nicht nur den Wunsch, sondern geradezu das *Bedürfnis* hatte, der unangenehm negativen und widerspenstigen Natur der Fehler und Schwächen Elias dieses Etikett aufzukleben.

Habe ich ihr also zugestimmt? Hätte ich es tun sollen? Sicher, im Johannesevangelium steht etwas davon, dass Satan der Vater der Lüge ist, aber heißt das, dass ich das Bündel von

Fehlern und Neigungen und Verhaltensmustern und Tendenzen, das mich als Person ausmacht, wieso auch immer, verleugnen und nicht daran glauben sollte? Gibt es so etwas wie einen geistlichen Zaubertrick, mit dessen Hilfe ich mir einreden kann, dass ich eine neue Kreatur in Christus bin und deshalb mein altes Ich einfach nicht mehr existiert? Versuch das mal, Jeff. Mal sehen, wie weit Du damit kommst.

Irgendwo habe ich einmal gelesen, dass Gott uns genauso liebt, wie wir sind, und viel zu sehr, als dass er uns so lassen würde, wie wir sind. Nun, dem kann ich sicherlich zustimmen, aber der Prozess der Veränderung ist ein allmählicher, und wenn er nicht sowohl geistlich *als auch* menschlich organisch abläuft, dann hat er nichts mit einem Gott zu tun, der uns sowohl als die Leute, die wir sind, als auch trotz unserer Unzulänglichkeiten liebt. In der Zwischenzeit, denke ich, können Du und ich und alle anderen froh und ermutigt sein durch die Botschaft von Elia, dass es Momente geben wird, in denen uns, wenn wir gehorsam sind, der Geist Gottes erfüllen und sogar Wunder durch uns bewirken wird, ungeachtet der Tatsache, dass wir so weit hinter dem Ideal zurückbleiben.

Also nein, ich habe ihr nicht zugestimmt.

Im zweiten Fall ging es um Dinge, die wir über die Gnade Gottes gesagt hatten. Wir hatten dazu ein veranschaulichendes Bild angeboten. Für den Wanderer, der sich auf die Reise des Lebens macht, gibt es drei Möglichkeiten. Auf der einen Seite sind die unwegsamen Felsen und Berge des Gesetzes. Diese Route einzuschlagen hat keinen Zweck. Sie ist zu schwierig; das schafft man nicht. Auf der anderen Seite liegt der Sumpf der Zügellosigkeit. Der sieht auf den ersten Blick nicht schlecht aus, aber wenn man versucht, dort entlangzugehen, sinkt man ein, erstickt und stirbt. Quer durch die Mitte verläuft der schmale Pfad der Gnade, ein

Weg, der aus der unverdienten Freundlichkeit Gottes entspringt und der für jeden Menschen, der ihn braucht, individuell angelegt wird. Als ein Beispiel führten wir an, wie Jesus mit der Situation umging, als eine Ehebrecherin zum Tod durch Steinigung verurteilt worden war. Nicht, dass er das Gesetz angefochten oder ihre Tat gutgeheißen hätte, aber er fand einen typisch einfallsreichen und authentischen Weg, sie von den Konsequenzen der Sünde zu erretten. Gnade, so deuteten wir an, sei kreativ, beziehungsorientiert, konstruktiv, überraschend und befreiend, und jeder von uns habe die Aufgabe, sie an die Menschen weiterzugeben, denen wir begegnen.

Meine Herausforderin wollte wissen, ob das meiner Meinung nach auch für Homosexuelle gelte. Es könne doch wohl keine Kompromisse bei einer Sache geben, die in der Heiligen Schrift so eindeutig verurteilt werde. Nicht, dass sie persönlich solche Menschen verurteilen wollte, fügte sie hinzu. Es gebe ein schwules Pärchen in ihrer Gemeinde, und das seien ganz liebenswerte Leute. Andererseits jedoch sei unbereute Sünde nun einmal unbereute Sünde, und sie fände es nicht richtig, wenn sie die Gemeinde in der Öffentlichkeit repräsentieren würden, zum Beispiel, wenn sie im Kirchenvorstand säßen.

Nicht schon wieder, dachte ich. Warum nur dreht sich die moralische Diskussion in manchen Teilen der Gemeinde Jesu ständig nur um Sex im Allgemeinen und Homosexualität im Besonderen? Den Korinthern schrieb Paulus, wir sollten nichts mit einem Bruder zu schaffen haben, der sexuell unmoralisch oder habgierig sei, ein Götzendiener oder ein Verleumder, ein Trinker oder ein Betrüger. Wie viele Kandidaten für Kirchenvorstände werden eigentlich sorgfältig auf Anzeichen von Habgier, Klatsch, übermäßigen Alkoholgenuss oder zwielichtigen Geschäftspraktiken durchleuchtet?

Wie viele müssten wohl ersetzt werden, wenn das geschähe? Man mag es sich gar nicht ausdenken.

Ich kenne eine Menge schwuler Christen, die sich entschieden haben, für den Rest ihres Lebens zölibatär zu bleiben. Mag sein, dass Satan ihnen Lügen über ihre sexuellen Präferenzen eingeflüstert hat, oder auch nicht. Tatsache ist aber, wie sehr sie auch beten und ihr Bestes tun, um nach Veränderung zu streben, sie scheinen nicht davon wegzukönnen, wer sie sind und was sie sind, und jeder Tag ist eine Herausforderung und ein Kampf. Ich habe höchsten Respekt vor ihnen. Ich kenne auch schwule Christen, die glauben, dass Gott gleichgeschlechtliche Beziehungen akzeptiert. Ich habe großen Respekt vor jedem, der eine aufrichtig durchdachte und durchbetete Entscheidung über irgendeinen Aspekt seines christlichen Lebens trifft, auch wenn ich selbst nicht mit seiner Entscheidung übereinstimme. Ich habe selbst schon manche blödsinnigen Entscheidungen getroffen, und meist habe ich sie lautstark mit Bibelstellen begründet.

Wie ist das nun mit der Gnade Gottes? Nun, das Problem mit Gott ist und war schon immer, dass er sich partout nicht davon abbringen lässt, Menschen als Individuen zu begegnen und nicht als Kategorien. Die Gnade tut, was die Gnade tut. Ich finde das herzerwärmend und aufregend und beruhigend und beunruhigend und ein bisschen verwirrend, aber ganz ehrlich, ich würde es nicht anders haben wollen.

Falls ich meiner Herausforderin je wieder begegne, werde ich mich bei ihr bedanken, dass sie mich zum Nachdenken über diese Dinge gebracht hat. Aber ich würde sie auch gern daran erinnern, dass viele Leute im Laufe der letzten zweitausend Jahre versucht haben, den christlichen Glauben zu säubern und aufzuräumen, wie man ein Haus säubert und aufräumt. Tut mir leid, würde ich ihr sagen, aber das klappt nicht. Wenn Christus mitten im Chaos nicht eine echte Möglichkeit ist, dann sitzen wir mächtig in der Tinte.

Du hast recht, Jeff. Jede Gemeinde sollte einen Ort haben, wo man gefahrlos sagen und denken und fühlen kann, was immer einem auf dem Herzen liegt. Es mag eine Weile dauern, solche Orte einzurichten, aber bis dahin, scheint mir, sind wir beide schon dabei, uns einen für uns selbst zu schaffen. Das ist eine sehr behagliche Ecke hier. Du bist am Zug, glaube ich.

Liebe Grüße,

Adrian

PS Ich hatte vollstes Mitgefühl mit Dir, als die Karaoke-Burschen sich wunderten, wieso jemand wie Kay sich mit einem alten Knacker wie Dir abgibt. Bei einer Tour durch Deutschland vor ein paar Jahren wurde ein ziemlich altes Foto von mir für die Werbung verwendet. Die erste Frage aus dem Saal zu Beginn der zweiten Hälfte des Abends lautete so: »Warum haben Sie Ihren Vater geschickt, anstatt selbst zu kommen?«

Das war der größte Lacher des Abends.

VIER

Lieber Adrian,
danke für Deinen Brief, der mich dazu inspiriert hat, hinunter zur Videothek in meiner Straße zu gehen (die immer noch so heißt, obwohl es da seit dem Erscheinen der allmächtigen DVD gar keine Videos mehr gibt) und mir *The Commitments* auszuleihen. In der Videothek passierte etwas, was eigentlich gar nicht mit irgendetwas von Belang zu tun hat, aber da ich es amüsant fand, würde ich Dir gern davon erzählen. Glaub mir, das Folgende hat sich wirklich so abgespielt.

Während ich mich mit meiner DVD in der Hand (*The Commitments* hatten sie leider nicht) an der Kasse anstellte, um mein Kleingeld loszuwerden, fiel mir ein Aufkleber auf der DVD-Hülle auf. »Bitte zurückspulen!«, stand darauf. Die Aufschrift verwirrte mich zutiefst, da es ja gänzlich unmöglich ist, eine DVD zurückzuspulen. Warum also dieser Aufkleber? Ich beschloss, mich bei dem Neunjährigen, der hinter dem Tresen Dienst tat, danach zu erkundigen.

Zwischen mir und dem etwas desinteressierten, aknegeplagten Jüngling entspann sich folgendes Gespräch:

Ich: Entschuldigung, dürfte ich Sie nach diesem Aufkleber fragen?

Pickliger Jüngling: Ja, was ist damit?

Ich: Nun, da steht »Bitte zurückspulen!« drauf.

Pickliger Jüngling: Richtig. Das steht da.

Ich: Aber das ist doch albern.

Pickliger Jüngling: Was? Wieso?

Ich: Weil das eine DVD ist. Die kann man doch gar nicht zurückspulen.

Pickliger Jüngling: (die *Augen verdrehend*) Natürlich kann man eine DVD nicht zurückspulen. Es ist ja eine DVD.

Ich: Äh, ja, das habe ich ja gerade gesagt. Also warum kleben Sie dann diesen Aufkleber drauf, der die Leute nur verwirrt und dazu bringt, deswegen nachzufragen?

Pickliger Jüngling: Ganz einfach. Als wir die Videos abgeschafft haben und zu DVDs übergewechselt sind, hatten wir noch Hunderte von diesen Aufklebern übrig. Die Chefin wollte sie nicht wegschmeißen; wir hatten sie ja extra drucken lassen. Also ließ sie uns die Dinger auf die DVDs aufkleben …

Ich: Also Ihre Chefin hat Geld für Aufkleber ausgegeben, die jetzt überflüssig sind, und dann noch mehr Geld für Arbeitszeit investiert, um diese unnützen Aufkleber auf DVD-Hüllen zu kleben, wo sie Kunden wie mich nur verwirren?

Pickliger Jüngling: *(wirft über meine Schulter dem Kunden hinter mir einen Blick zu, der besagt: »Der Trottel hier hält den ganzen Betrieb auf.«)* Genau. Wir haben die übrig gebliebenen Aufkleber verbraucht. Sonst noch Fragen?

Wie gesagt, Adrian, dieser Wortwechsel ist ohne jeden Belang für unsere Unterhaltung, aber ich fand ihn so grotesk, dass ich ihn Dir nicht vorenthalten wollte.

Wenn ich an Dich in diesem christlichen Gästehaus denke, wünschte ich, Du hättest Deinen Mut zusammengerafft und das »Er-ist-auferstanden«-Plakat mit einem frechen Graffitispruch verziert. Allerdings vermute ich, damit hättest Du unsere gemeinsame Gabe der Albernheit vielleicht einen Schritt zu weit getrieben. Zumindest ist »Er ist auferstanden« kein kitschiger Spruch, und es ist die Wahrheit. In meiner ersten Zeit als Christ trug ich immer einen großen Button, fast so groß wie ein Mülleimerdeckel. Er brüllte irgendeine ziemlich brachiale Botschaft hinaus – so etwas wie »Hallo, du bist auf dem Weg in die Hölle« oder so. Ich hatte eine große Schwäche für Buttons und sonstige Accessoires aus unserer christlichen Buchhandlung am Ort. Am Heck meines Autos klebten so viele Fische, dass es aussah wie ein fahrendes Aquarium. (Übrigens, in meiner christlichen Buchhandlung hier gibt es im Moment Pfefferminzbonbons mit aufgedruckten Bibelstellen. Sie heißen »Testamints«. Auf der Packung steht »Bonbon für Bonbon die Welt verändern«. ... Hätte es die Dinger doch nur schon gegeben, als Paulus lebte. Dann wäre er bestimmt als Gemeindegründer noch erfolgreicher gewesen, und Mundgeruch hätte er obendrein vermeiden können ...)

Ich schweife ab. Zurück zu Slogans. Ich bin ein eifriger Beobachter von Gemeindeschaukästen und -schrifttafeln, besonders in Amerika, und ich habe schon so manchen Knaller zu Gesicht bekommen. Während einer Hitzewelle in Oklahoma, der einige Menschen zum Opfer fielen, hatte eine Gemeinde in ihrem Bestreben, die »gute Nachricht« zu verbreiten, vor ihrem Gebäude folgendes Plakat aufgehängt:

Wenn Sie meinen, hier wäre es heiß,
warten Sie nur ab.

Das ist fast so schlimm wie die markige, aber brutale Schrifttafel, die verkündete:

Diese christliche Neigung zu grafischen Tiraden hat allerdings auch den einen oder anderen amüsanten Ableger hervorgebracht. Meine persönlichen Lieblingsbeispiele sind die Autoaufkleber mit der Aufschrift:

Jesus kommt wieder, tut so, als wärt ihr beschäftigt.

Oder auch:

Jesus liebt dich.
Alle anderen halten dich für ein *&%$@*&!§

Um wieder ernster zu werden: Es tat mir richtig leid, von Deiner Begegnung mit dem Mann zu hören, den Du als »Terrier« beschrieben hast. Die Bezeichnung passt perfekt auf jene Sorte frommer Leute, die einem gerne nach den Fersen schnappen, sich über jede Kleinigkeit aufregen und nicht mehr loslassen, wenn sie einen erst einmal zwischen die Zähne bekommen haben. Ich schätze, wir beide gemeinsam sind schon genug Terriern begegnet, um ein ganzes Tierheim damit zu füllen. Vielleicht hast Du ja ein dickeres Fell als ich (obwohl ich da so meine Zweifel habe), aber diese kleinen Schnapper und Bisse tun weh. Deine Geschichte von dem Terrier, der sagte, er *hasse* Dich (und dann leider doch noch beschloss, er *liebe* Dich), finde ich atemberaubend.

Man hat über die Jahre schon so manches Mal nach meiner Ferse geschnappt, und manchmal werden die Leute sehr persönlich. Du hast den Burschen erwähnt, der meinte, Du sähest alt genug aus, um Dein eigener Vater zu sein. Auf mich kam einmal eine Frau zu, nachdem ich gepredigt hatte, und fragte mich, ob ich jemals einen Schlaganfall gehabt hätte. Nein, erwiderte ich und fragte zurück, was sie zu der Frage veranlasst habe. Sie antwortete: »Wenn Sie lächeln, zieht sich nur eine Hälfte Ihres Gesichts nach oben.« Am liebsten hätte ich ihr gesagt, ich sei von Natur aus hässlich, und sie gefragt, was ihre Ausrede sei, aber so etwas können wir ja nicht machen, oder? Wir müssen uns schließlich wie Christen benehmen. Wie wär's, wenn wir Gott fragen, ob wir jede Woche eine halbe Stunde freibekommen könnten und in Schaltjahren einen Monat? Nein, das ist keine gute Idee ...

Aber das war nur ein kleiner Schnapper, verglichen mit dem üblen Biss, den ich einmal erhielt, nachdem ich in einer Gemeinde gepredigt hatte. Die Ironie ist, dass ich den Schäferhund nie zu Gesicht bekam, der sich da an mir gütlich getan hatte. Er (oder sie) schnappte einfach nur zu und war auf und davon, bevor ich auch nur »Platz!« rufen konnte. Der betreffende bissige Hund hatte nicht einmal den Mut, mich persönlich anzusprechen, sondern hinterließ mir nur einen Zettel ohne Unterschrift (ich kann anonyme Briefe nicht ausstehen; sie sind so feige) am Büchertisch. Er war säuberlich zusammengefaltet, mit rasiermesserscharfen Falten, die schon ahnen ließen, wie schneidend sich der Inhalt anhörte. Darin stand:

> Sir, wir möchten Jesus hören, nicht Ihr unsinniges Geschwafel. Mit all diesen Dummheiten können Sie keine Seelen für Jesus gewinnen. Sie sind kein Prediger, Sie sind ein Komiker. Sie haben Ihren Beruf verfehlt.

Es hört sich erbärmlich an, das zuzugeben, aber dieser kleine Pfeil aus der Dunkelheit ließ mich in Tränen ausbrechen. Dabei dachte die Person, die den Zettel geschrieben hatte, zweifellos, sie wäre damit treu für die Wahrheit eingestanden, zumindest aus ihrer Sicht. Und das bringt mich wieder zu dem Gedanken, »Wahrheit« weiterzugeben. Wir haben uns darüber unterhalten, dass Gemeinden Orte brauchen, wo man ohne Angst vor Repressalien alles sagen kann, was einem im Sinn ist. Aber ist da nicht auch eine gewisse Vorsicht angebracht? Schließlich sind manche Christen unterwegs, um »die Wahrheit zu sagen«, und richten damit großen Schaden an. Wenn mir heutzutage jemand ankündigt, er werde mir »in Liebe die Wahrheit sagen«, schaue ich mich nach dem nächsten Atombunker um. Meist bedeutet die Ankündigung, »in Liebe« sprechen zu wollen, das genaue Gegenteil.

Warst Du schon einmal in einer dieser christlichen Versammlungen, wo der Prediger über Vergebung und Versöhnung spricht und der Gottesdienst dann mit einer qualvollen Zeit endet, in der alle aufgefordert werden, zu jemandem hinzugehen, dem sie Unrecht getan haben, um sich die Hand zu geben und sich wieder zu vertragen? Diese Folterveranstaltungen verschaffen ungeschickten (oder auch rachsüchtigen) Leuten eine ideale Gelegenheit, zu jemandem zu sagen: »Übrigens, ich hasse dich schon seit Jahren. Bitte vergib mir.« So können sie ihren Groll herauslassen und sich gleichzeitig mächtig fromm dabei vorkommen. Was soll mir das denn bringen, wenn einer auf mich zumarschiert und mir »bekennt«, er habe mich gehasst? Ich wäre besser dran, wenn ich ahnungslos bleiben könnte. Dann stapfen sie wieder davon, freuen sich, dass sie sich ihren Kram von der Seele geredet haben, und ich bleibe taumelnd zurück. Und manchmal gehen diese Momente grauenhaft schief, bevor auch nur ein Wort gesprochen wurde …

Bei einer christlichen Großveranstaltung (deren Namen ich nicht nennen möchte, aber sie findet im Frühjahr [engl. spring] statt, wenn man die Ernte [engl. harvest] einbringt) hatte eine Bühnenpersönlichkeit, die notorisch schwierig war, so vielen Leuten auf die Füße getreten (die ihren Groll nun bekennen wollten), dass sich eine lange Schlange bildete. Stell Dir das vor – so allseits unbeliebt zu sein, dass die Leute sich wie an der Käsetheke eine Nummer ziehen und anstellen müssen, um Dir zu sagen, wie sehr sie Dich hassen. Wie leicht können wir selbst schöne Dinge wie Frieden und Versöhnung verderben.

Und deshalb stoße ich einen riesigen Seufzer der Erleichterung aus, wenn Du davon sprichst, dass Gott uns mitten in unserem Chaos begegnet. Heiligkeit und Chaos bestehen Seite an Seite. Kürzlich stieß ich auf die folgenden Worte von Erzbischof Rowan Williams (dem mit dem berühmten merkwürdigen Haarschnitt, unter dem sich ein Gehirn von der Größe eines Planeten zu verbergen scheint):

> Ein Mensch ist nicht dadurch heilig, dass er durch Willenskraft über Chaos und Schuld triumphiert und ein makelloses Leben führt, sondern dadurch, dass dieses Leben den Sieg der Treue Gottes *inmitten* der Unordnung und Unvollkommenheit zeigt. Die Kirche ist heilig … nicht, weil sei eine Versammlung der Guten und Wohlgesitteten wäre, sondern weil sie vom Triumph der Gnade im Zusammenkommen von Fremden und Sündern spricht, die einander durch ein Wunder genug vertrauen, um sich zu gemeinsamer Buße und gemeinsamem Lobpreis zusammenzuschließen. … Menschlich gesprochen ist Heiligkeit immer dies: Gottes Duldsamkeit inmitten unserer Ablehnung ihm gegenüber, seine Fähigkeit, jeder Ablehnung mit dem Geschenk seiner selbst zu begegnen.[1]

Verzeih das lange Zitat. Ich füge es ein, weil ich a) finde, es ist sehr schön ausgedrückt, und b) wünschte, ich hätte nur zehn Prozent von dem Verstand Seiner Eminenz. (Siehst Du? Bei mir sind bisweilen selbst Momente der Einsicht mit Ehrgeiz und Neid befleckt.)

Manchmal denke ich, wir Christen denken nur in der Vergangenheitsform gern über unsere Kaputtheit nach. In dem Sinne: Wir *waren* kaputt, aber dann kam Jesus, und jetzt sind wir nette Leute. Dabei hat uns die Gnade nicht nur gerettet, sondern sie begleitet uns in jeder Sekunde, mit all dem Chaos und Unrat, die uns immer noch anhaften.

Ich versuche heutzutage ganz offen über meine Kaputtheit zu sprechen, und im Allgemeinen höre ich einen Seufzer der Erleichterung, wenn ich von meinen Kämpfen erzähle. Es macht mich zugleich froh und nervös, wenn Leute so nett sind, mir zu sagen, ich sei wie ein frischer Lufthauch und sie wüssten die Authentizität zu schätzen, um die ich mich bemühe. Aber das macht mir wirklich Sorgen im Blick auf den Zustand der Kirche, denn ich fürchte, dass Leute, die Echtheit ungewöhnlich und erfrischend finden, offenbar täglich per Sonde ernährt werden. Ich gebe zu, dass es mir manchmal schwerfällt, mich angreifbar zu machen (es kostet immer etwas, nicht wahr?), weil ich es auch ernst zu nehmen versuche, wenn die Bibel sagt, dass leitende Christen Vorbilder sein sollten. Doch ein *Vorbild* zu sein kann ja wohl nicht bedeuten, dass man ein *falsches Bild* vorspiegeln soll. Und ich möchte in meiner Kaputtheit befreiend sein, wenn Du verstehst, was ich meine. Wenn ich mich hinstelle und sage: »Ich bin ein mieser Kerl, und ich habe vor, das auch zu bleiben und olympiareif zu sündigen. Wer macht mit?«, dann verrate ich den innersten Kern der Botschaft Jesu. Er möchte mich liebevoll formen und, ja, *verändern*. Aber wenn ich andererseits einfach nur den Eindruck erwecke, ich wäre besser, als ich bin, dann erreiche ich doch nichts, außer dass ich jeden entmutige, der mir zuhört. Zumindest denke ich, dass es so läuft. Aber dann will ich auch nicht den Fehler machen, einfach nur öffentlich meine schmutzige Wäsche zu waschen …

Noch einmal zurück zu dem Mann, der sagte, er hasse Dich: Es liegt nicht nur daran, dass Du der Gemeinde Jesu ihre Schwächen und Macken vor Augen führst, sondern auch daran, dass Du ehrlich von Dir selbst und Deinen eigenen Schwierigkeiten und Ängsten sprichst. Vielleicht lässt Deine Bereitschaft, dich schwach zu zeigen, anderen ihre eigenen verborgenen Fehler unbehaglich nahe kommen. Oder vielleicht denken sie auch, Deine Bekenntnisse über noch nicht ausgestandene Kämpfe seien irgendwie ein »Verrat« am Evangelium. Manche Christen meinen ja, wir müssten alle auf Hochglanz polierte »Trophäen der Gnade« sein. Wie kommst Du damit klar, nicht nur zur Albernheit, sondern auch zur Transparenz berufen zu sein?

Ich stimme Dir vollkommen zu – wir wollen immer alles hübsch sauber und ordentlich haben, und am liebsten würden wir die Gnade steuern und zu denen hinlenken, die sie verdienen, was natürlich ein Widerspruch in sich ist. Und wenn wir das versuchen, kriegen wir am Ende haufenweise lächerliche kleine Regeln und Vorschriften heraus – das, was in *Zen and the Art of Motorcycle Maintenance* »kleinkarierte Regeln für kleinkarierte Leute« genannt wird. Jesus war auf Schritt und Tritt von Leuten umgeben, die Experten darin waren, die Religion zu einer hektischen Plackerei zu machen, den Pharisäern. Sie hatten Vorschriften darüber, wie innig man eine Braut an ihrem Hochzeitstag begrüßen durfte und wie man eine Witwe bei einer Beerdigung zu trösten hatte. Sie beschäftigten sich mit so schwerwiegenden Fragen wie der, ob man beten dürfe, während man in einer Baumkrone arbeitet. Und (warte, was jetzt kommt) wenn jemand Brot backt und dabei nackt ist und dieses Brot dann für ein Opfer verwenden will, ist es dann unrein? Darüber habe ich mir eine ganze Weile lang den Kopf zerbrochen ... Zweifellos geschah das alles in dem Bemühen, das Chaos in den Griff zu bekommen und zu bestimmen, wie »gute« Menschen aussehen. Hier ankreuzen und hurra, schon bist Du heilig und gehörst mit zum Klub. Doch wie alle Systeme war es zum Scheitern verurteilt, denn wie Du sagst: Die Gnade wirkt in jedem Einzelnen auf einzigartige Weise. Gott schafft keine Systeme, er schreibt einmalige Gedichte.

Vielleicht ist ja meine »Bitte-zurückspulen«-Geschichte doch nicht ganz so belanglos. Religion kann genauso nutzlos, genauso eine Zeitverschwendung und genauso verwirrend sein wie das Anbringen dieser veralteten Etiketten. Da schnaufen und keuchen wir uns dann durchs Leben und jagen allen möglichen irrelevanten und unwichtigen Dingen nach. Vielleicht gibt das ja unserer Gabe der Albernheit einen gewissen Wert: Indem wir lachen, vor allem über uns selbst, kratzen wir an der Kruste der Irrelevanz und Aufgeblasenheit, die Religion erzeugen kann, und machen uns auf die Suche nach dem, was eigentlich den Kern des Ganzen ausmacht. Wir schürfen nach dem, worauf es wirklich ankommt.

Wie herrlich, zu wissen, dass Gott uns alle in unserer Kaputtheit gebraucht – nicht ausnahmsweise, sondern als Regel. Daher erzählt die Bibel nicht die Geschichten einer Reihe strahlender, auf Hochglanz polierter Helden, sondern die von fehlerhaften, verwirrten Genies und Idioten, die mal etwas richtig machten, um dann in der nächsten Sekunde schon wieder etwas falsch zu machen. Wie Du sagst, Elia ist eines der besten Beispiele dafür.

Gut, Adrian, das mag für heute reichen. Irgendwann würde ich gerne noch ein bisschen mehr über den gigantischen Absturz Elias nachdenken – und ich liebe diese Formulierung, die du gebraucht hast: »Gnade ist kreativ, beziehungsorientiert, konstruktiv, überraschend und befreiend, und jeder von uns hat die Aufgabe, sie an die Menschen weiterzugeben, denen wir begegnen.« Der Satz hat mich gestern Abend wach gehalten …

Alles Liebe,

Jeff

FÜNF

Lieber Adrian,
okay, ich weiß, ich bin eigentlich nicht an der Reihe. Aber Deine herrliche Beschreibung der »kreativen Gnade« hat die Erinnerung an einen der bewegendsten Momente meines Lebens geweckt, als jemand viel Mühe auf sich nahm, um mir auf kreative Weise liebevolle Freundlichkeit – die die Wurzel der Gnade ist – zu erweisen.

Dieser Jemand war mein Vater. Er war betroffen und aufgebracht, als ich als Teenager Christ wurde. Im Rückblick kann ich es ihm nicht verdenken. Er dachte vermutlich, ich hätte meine Seele irgendeiner merkwürdigen Sekte überschrieben, und sah meine Bekehrung als einen Verrat an meiner Kinderstube. Traurigerweise muss ich zugeben, dass er für mich alsbald zu einem evangelistischen Projekt wurde. Ich war so erpicht darauf, ihn mit der himmlischen Nachricht bekannt zu machen, dass ich ihm das Leben zur Hölle machte. Er ließ meine drängenden Monologe geduldig über sich ergehen, lächelte freundlich und sagte mir, er mache sich Sorgen, dass ich mein Leben an einen Mythos verschleudern könnte. Er hatte es selbst im Leben nicht leicht gehabt, und ihm lag viel daran, dass ich meines nicht vergeudete. Mit neunzehn Jahren in der afrikanischen Wüste in Gefangenschaft geraten, saß er in italienischen und deutschen Kriegsgefangenenlagern und sah seine Jugend vor sich hinfaulen, bis er, zu einer Verzweiflungstat gedrängt, die Flucht ergriff, um seiner Hinrichtung zu entgehen, sich seinen Weg quer durch Deutschland bahnte und es kurz vor dem Ende des Krieges schließlich nach Hause schaffte. Ich habe viel über jene vier Jahre nachgedacht, in denen er ständig dem Hungertod nahe war; gesprochen hat er nie viel über diese schrecklichen Tage. Gelegentlich ließ er sich dazu drängen, von der einen oder anderen Begebenheit zu erzählen, aber wie er sich dabei *fühlte*, darüber redete er mit mir nie. Manchmal frage ich mich, warum, Adrian. Sperrte er manche Emotionen weg, um all dem Grauen und der Ungewissheit nicht wieder begegnen zu müssen? Oder sind spätere Generationen nur gesprächiger geworden und vielleicht ein bisschen zu erpicht auf Verarbeitung?

Was er mir immerhin sagte, war, dass er nach all dem Schrecklichen, das er im Krieg gesehen hatte, nie wieder an Gott glauben könne. Zwanzig Jahre nach dem Beginn meiner ungestümen evangelistischen Bemühungen (und nicht als ihre Folge, sondern wohl eher ihnen zum Trotz) wurde mein Vater endlich Christ – das ist eine andere Geschichte. Hier soll es genügen, wenn ich sage, dass es ein wunderbar glücklicher Tag war. Von nun an wurde dieser recht viktorianisch geprägte Mann viel milder und konnte seine Liebe zu mir sehr offen ausdrücken. Dann traf ihn ein schwerer Schlaganfall. Er hatte schon immer gern geredet und hatte eine Meinung zu allem. Nun jedoch konnte er nur noch endloses Kauderwelsch von sich geben. Ich erinnere mich an lange Telefonate mit ihm, bei denen er unentwegt brabbelte und ich dazu nickte und grunzte und zustimmte, bis wir beide anfingen zu weinen – Tränen waren die einzige gemeinsame Sprache, die uns geblieben war –, weil wir wussten, dass wir uns nicht miteinander verständigen konnten und wahrscheinlich nie wieder dazu in der Lage sein würden. Die Ärzte hielten es für unwahrscheinlich, dass er seine Sprache je wiedergewinnen würde. Ihre Vermutung bestätigte sich. Der junge Mann, der vier Jahre hinter Stacheldraht gelebt hatte, saß nun wieder in einem anderen Gefängnis. In jener kalten Zelle sollte er sterben, eingeschlossen und stumm bis zum Ende.

Aber nicht ganz. Noch einmal heckte er einen großen Fluchtplan aus.

Eines Nachts übernachtete ich bei meinen Eltern. Es war schon spät, und ich war schon dabei, im Schlummer zu versinken – da klopfte es an meiner Zimmertür. Es war mein Vater. Als ich ihn hereinbat, wunderte ich mich, was er wohl wollte – schließlich kam ein Schwätzchen vor dem Schlafengehen nicht infrage.

Bildlich gesprochen, hatte mein Vater eine Lücke in dem Elektrozaun gefunden, eine Möglichkeit, mir auf kreative Weise Liebe und Gnade mitzuteilen. Er kam herein und kniete sich neben meinem Bett auf den Boden. Ein breites Lächeln strahlte aus seinem Gesicht. Und dann, Adrian, kuschelte er mich in meine Bettdecke ein.

Da lag ich, ein Mann von vierzig Jahren mit eigenen Kindern und einer Hypothek, und er nahm die Decken und die Laken und kuschelte mich ein. Dann beugte er sich über mich, strich mir eine Haarsträhne aus der Stirn und gab mir einen Kuss auf die Wange. Und mit einem weiteren strahlenden Lächeln verschwand er zur Tür hinaus. Es war unbeschreiblich.

Ich konnte ihm die Wohltat erwidern. Einige Monate später trat ich in sein Zimmer, ohne anzuklopfen, denn er war nur halb bei Bewusstsein. Man hatte in seinem Krankenhauszimmer das Licht gedämpft, damit er nicht im grellen Schein der Leuchtstoffröhren würde sterben müssen. In dem Wissen, dass er nur noch Stunden zu leben hatte, beschloss ich, noch ein letztes Mal etwas für ihn zu tun. Ich kuschelte *ihn* ein. Ich nahm die Decken und das Laken, gab ihm einen leichten Kuss auf die Wange und flüsterte ihm ins Ohr: »Geh jetzt, Papa. Mach dich aus dem Staub. Schluss mit dem Leiden. Du brauchst nicht zu kämpfen. Jesus hält dich sicher.«

Und binnen weniger Minuten war er fort.

Ich erzähle Dir das, Adrian, weil ich glaube, dass wir alle Wege finden können, um Gnade kreativ weiterzugeben. Freundlichkeit zu verbreiten ist nicht nur etwas für die Starken oder die Klugen. Und wenn wir Möglichkeiten dazu finden, werden andere durch unsere Bemühungen verändert. Ich kann die Wärme dieses einen Kusses noch bis heute spüren.

Alles Liebe,

Jeff

SECHS

Lieber Jeff,
bitte entschuldige. Bridget und ich waren beruflich unterwegs, gleich nachdem Dein vorletzter Brief angekommen war, und dann traf der nächste schon ein, bevor ich dazu kam, zu antworten. Aber eigentlich bin ich froh, dass es so gekommen ist, denn diese beiden Briefe haben einen Aspekt Deiner Persönlichkeit bestätigt und sichtbar gemacht, den manche Leute vielleicht sehr überraschend finden. Die Person, die Dir nach Deiner Predigt diesen giftigen anonymen Zettel schrieb (vielleicht sollten wir die Wörter »giftig« und »anonym« zu dem neuen Adjektiv »giftonym« verbinden), wäre vielleicht sehr überrascht gewesen, zu erfahren, dass diese schlichten dreiunddreißig Worte es geschafft haben, Dich in Tränen ausbrechen zu lassen. Von uns großkopferten Deppen, die wir uns vor Massen von Leuten hinstellen und unentwegt von Gott schwafeln, wird ja gerne angenommen, wir seien sehr selbstbewusste Typen. Ich schätze, irgendwie müssen wir das wohl auch sein, sonst würden wir das gar nicht durchhalten können. Doch die Struktur dieses anscheinenden Selbstvertrauens hat eine gewisse Zerbrechlichkeit an sich, die meiner Vermutung nach von einer bestimmten Spannung herrührt, mit der christliche Redner sich ständig auseinandersetzen müssen, wenn ihnen das, was sie tun, wirklich am Herzen liegt.

Nämlich diese: Wir können unserer Botschaft niemals gerecht werden. Das ist das zeitliche, aber Gott sei Dank nicht ewige Problem für Leute wie Dich und mich. Und natürlich auch für den armen alten Elia, wenn auch in etwas größerem Maßstab. Auf jeden Fall gilt das für mich. Ich habe einen Kopf von der Größe eines Sperrballons und das Herz eines verwirrten Kindes. Ich bin sehr leicht zu verletzen, und wie Deine beiden Briefe kristallklar zeigen, geht es Dir ebenso, Jeff. Nachdem ich diesen wunderbaren Auszug von Rowan Williams (ist er nicht ein hervorragender Mann?) gelesen habe, zaudere ich, Dir ein Zitat aus einem meiner eigenen Bücher zuzumuten, aber es fasst nun einmal zusammen, was ich gerne sagen möchte. Es stammt aus einer Andacht über die Verleugnung des Petrus im Hof, die mit den folgenden Worten endet:

> Ich weiß jetzt, dass ich Gott nichts zu bieten habe außer mir selbst und dass er dieses Selbst freudig und lächelnd willkommen heißt, aber das Kind in mir wünschte sich so sehr, *gut genug* zu sein. Es fällt mir entsetzlich schwer, zu akzeptieren, dass Gott mich im vollen Bewusstsein rief, dass ich ihn hier und da im Stich lassen und verraten würde. Wie schwer ist es doch für Leute, die so stolz sind wie viele von uns, bis in eine solche Tiefe *erkannt* zu sein – zu spüren, wie all unsere menschlichen Abwehrtaktiken, Tricks und Spiegelfechtereien allmählich von uns abgezogen werden und die nackte Armut zu sehen ist, die unser wirklicher Zustand ist. Wir trauern unserer fadenscheinigen menschlichen Würde nach, noch während wir darum flehen, dass sie von uns genommen wird.
>
> Durch zweitausend Jahre getrennt und doch im Grunde Brüder, gehen Petrus und ich und mit uns viele andere hinaus, um gemeinsam bitterlich zu weinen, weil wir unseren Meister im Stich lassen und weil er schon immer wusste, dass wir das tun würden.[2]

Im selben Brief sprichst Du von dieser abscheulichen Unart, Leute mit Schikanen zur Vergebung zu manipulieren. Wir kennen ein paar Leute, die durch diesen Blödsinn tief verletzt worden sind. Erst kürzlich wandte sich in einer Gemeinde im Norden, in der ich gerade gesprochen hatte, eine neben mir sitzende Frau an mich und sprach mich mit nervös gedämpfter Stimme hinter vorgehaltener Hand an. »Adrian«, flüsterte sie, »ich bin erst vor zwei Monaten Christ geworden, und die sagen mir, ich müsste allen Leuten vergeben. Allen! Aber das kann ich einfach nicht. Nicht einfach so. Ich bin in der Vergangenheit zu tief verletzt worden. Ich kann doch nicht einfach so tun, als würde mir das nichts mehr ausmachen, oder? Aber ich habe Angst, weil sie mir sagen, Jesus hätte gesagt, mir könne nicht vergeben werden, wenn ich anderen nicht vergebe. Was soll ich bloß machen?«

Nicht zum ersten Mal ging mir durch den Kopf, wie nützlich es wäre, über manchen Kirchenportalen Lautsprecher zu installieren, aus denen ähnlich wie an U-Bahn-Stationen die Bandansage ertönen würde: »Bitte einsteigen und die Ohren schließen!«

Die Sache ist die, erklärte ich meiner verunsicherten Gesprächspartnerin: Die Leute, die ihr das gesagt hatten, hatten rein sachlich absolut recht. Jesus sagt tatsächlich, dass wir unseren Feinden vergeben müssen, und er macht in der Tat deutlich, dass Gott uns nicht vergeben wird, wenn wir es nicht tun. Worauf sie offenbar jedoch nicht hingewiesen hatten, war, dass Gott Strafen und Bußen nicht auf jene herzlose Weise verhängt, wie wir es etwa von den Computern der Banken heute gewohnt sind. Ja, in gewisser Weise ist Gott eher so wie die Bankberater früherer Zeiten, die bereit waren, ihren Kunden alle möglichen Hilfen und Unterstützungen zu gewähren, *solange sie den Kontakt hielten.*

»Gehen Sie zu Gott«, schlug ich ihr vor, »und sagen Sie

ungefähr Folgendes – seien Sie vollkommen ehrlich. ›Gott, in der Bibel steht, dass ich meinen Feinden vergeben soll. Wenn du das wirklich von mir möchtest, dann möchte ich es auch, aber im Moment kann ich es nicht. Es gab in meiner Vergangenheit Leute, die mich so sehr verletzt haben, dass ich ihnen den Tod wünsche, und am liebsten möchte ich dabei zusehen, wenn sie sterben. Jesus sagt, wir müssen unsere Feinde lieben und für sie beten. Im Moment weiß ich eigentlich gar nicht, was es heißt, sie zu lieben, aber ich werde tun, was du sagst. Ich werde die Zähne zusammenbeißen und dich bitten, ihnen das Beste von allem zu geben, was sie brauchen, auch wenn ich es eigentlich nicht so meine und sie immer noch genauso hasse wie eh und je. Ich weiß, Vater, das ist nur die erste Sprosse der Leiter, aber mehr bringe ich im Moment nicht zustande. Hilf mir, jeden Tag ein bisschen weiter hinaufzusteigen. Danke. Amen.‹«

Gott ist viel netter und entgegenkommender als seine Anhänger, findest Du nicht, Jeff? Er muss mindestens so nett sein wie meine Mutter – ohne übertreiben zu wollen, vielleicht sogar ein bisschen netter.

Und was Deinen letzten Brief angeht, Jeff, was soll ich sagen? Wir sind zwei schöne Heulsusen, Du und ich. Deine wunderbare Schilderung dieser beiden wichtigen Begegnungen mit Deinem Vater hat mir die Tränen in die Augen getrieben und auf jede nur mögliche Weise meine emotionalen Gedärme nach außen gekehrt (entschuldige die ekelhafte Metapher). Ich wünschte, ich könnte mit derselben Leidenschaft und Wärme über meinen Vater schreiben. Aber das kann ich nicht. Ja, es fällt mir fast unüberwindlich schwer, über diesen Aspekt meines Lebens überhaupt zu reden oder zu schreiben, und ich werde es im Moment auch nicht versuchen. Es hat nichts mit Vergebung zu tun. Ich wünschte, das wäre der Punkt. Vielleicht wage ich mich eines Tages mal daran, wenn Du und ich in einem echten Snug unter dem königlichen Banner von Harvey's sitzen. Wir werden sehen. Tut mir leid, dass ich da so zaghaft bin, aber so ist es nun einmal. Manche Narben braucht man nur leicht zu berühren, und schon brechen sie wieder auf.

Auf einer anderen Ebene hat mich dieser Einblick in Deine Geschichte auf eine Reise in meine eigene Vergangenheit geschickt, auf der Suche nach einer persönlichen Mission, die vor vielen Jahren begann und die ich diesseits des Grabes wohl nicht vollenden werde. Ich schätze, es hat etwas damit zu tun, dass wir manchmal unsere persönlichen Ziele und Wünsche beiseiteschieben müssen. So fromm und überaus ehrgeizig es sich anhören mag, ich möchte wirklich den Geist Christi haben und mich ihm unterordnen, und ich möchte nicht, dass meine blöden kleinen Verhaltensmuster oder meine Haltung mich dabei behindern.

Ich habe ein Beispiel für das, was ich damit meine.

Man lernt mit der Zeit, dass manche Erinnerungen in der Tat wie Vorlagen sind. Sie entstehen aus Erlebnissen, die von so einschneidender Bedeutung sind, dass sie sich wie ein Muster des Erfolgs oder Scheiterns oder Überlebens tief in den Stoff eingraben, aus dem man geschnitzt ist. Hört sich das blöd an, Jeff? Vielleicht ist es ein bisschen übertrieben, aber bedenke dies: Ich habe es jahrelang vor mir hergeschoben, mich der Geschichte zu stellen, die ich Dir gleich erzählen werde. Wieso? Weil ich Angst hatte. Ich hatte Angst davor, zu entdecken, dass die Dinge, die ich tue, und die Person, die ich bin, schon vor über fünfzig Jahren geformt wurden, durch Umstände und Einflüsse, die wenig bis gar nichts mit dem christlichen Glauben zu tun haben, der angeblich mein Leben geleitet und geprägt hat. Zugetragen hat sich Folgendes.

Ich war ungefähr neun Jahre alt. Es war ein Samstagnachmittag in Rusthall, dem Dorf, in dem ich aufgewachsen bin. Ich hatte mit meinen Freunden Paul und David zwischen den Adlerfarnen im Park gespielt. Kennst Du noch Adlerfarne? Tolles Zeug. Man konnte prima Speere daraus machen, wenn man die Blätter alle abriss, bis auf die am dünnen Ende der Pflanze. Außerdem konnte man sich herrlich gemütliche Nester darin bauen, in denen man lautlos und unsichtbar hockte, während die Leute auf dem nahen Weg vorübergingen, der von der Langton Road hinunter ins Dorf führte …

Nach dem Spielen im Park gingen wir verschwitzt und verdreckt, wie wir waren, zu Paul nach Hause, um etwas zu trinken. Seine Eltern waren wohlhabender als unsere, sodass uns bei ihm der ungewohnte Luxus einer Auswahl verschiedener Getränke winkte. Limonade *oder* Orangensaft. Wir freuten uns schon darauf.

Doch wir wurden enttäuscht. Pauls Eltern waren ausgegangen, und er hatte keinen Schlüssel. Hinten im Garten fand Paul ein Stück Holz und einen verdreckten alten Ball. Also beschlossen wir, auf der Betoneinfahrt, die an der Seite des Hauses entlang von der Garage bis zur Straße verlief, eine Runde Französisches Kricket zu spielen. Seine Mutter würde vermutlich bald wieder da sein, und dann würden wir etwas zu trinken bekommen.

Unser Spiel wurde durch das Auftauchen eines Jungen namens Richard Adams unterbrochen, der uns wohl gesehen haben musste, als er verdrossen die High Street entlangschlurfte. Wir mochten Richard nicht sehr. Er war größer und grobschlächtiger als wir, und er hatte, auch wenn wir es damals wohl nicht hätten benennen können, eine Aura der Verbitterung und des Grolls an sich, die uns unangenehm war. Irgendjemand, so schien seine streitsüchtige Art zu sagen, würde bezahlen müssen für das, was in seinem Leben verheerenderweise passiert oder nicht passiert war, was auch immer es sein mochte.

Richard hatte eine Handvoll kleiner Steine gesammelt, die er nun mit boshafter, wortloser Energie und erschreckender Treffsicherheit auf uns zu schleudern begann. Es waren scharfkantige Steine, und sie taten weh. Keiner von uns war ein besonders kampflustiger Typ, Paul am allerwenigsten. Nachdem er zwei oder drei dieser schmerzhaften Geschosse an diversen Weichteilen seines Körpers abbekommen hatte, öffnete er das unverschlossene Garagentor, duckte sich hinein und rief uns mit zusammengeschnürter Stimme zu, wir sollten zu ihm kommen. David folgte ihm hastig. Ich nicht. Ich schloss das Garagentor von außen, drehte mich um und kehrte ihm den Rücken zu – ein leichtes Ziel für Richard, dem vorübergehend die Munition ausgegangen war und der sich gerade aus dem Rinnstein neben der Einfahrt eifrig neu bewaffnete.

Manchen der Steine, die danach geworfen wurden, konnte ich ausweichen, aber eine Menge davon trafen mich im Gesicht, am Körper und an den Beinen. Es tat höllisch weh. Ich blieb einfach stehen, bis mein Angreifer die Lust verlor und finster vor sich hin murmelnd davonschlurfte. Paul und David kamen wieder zum Vorschein, sobald Pauls Mutter zurückkehrte.

Das war es auch schon. Mehr ist nicht passiert. Auf den ersten Blick nicht groß der Rede wert, Jeff. Warum macht es mir so sehr zu schaffen? Warum nagt die Erinnerung an diesen Vorfall seit vielen Jahren an mir? Ich glaube, es hat mit der Frage zu tun, was mich eigentlich dazu motiviert hat, all diese Schmerzen auszuhalten, wo ich mich doch genauso gut bei den anderen in der Garage hätte in Sicherheit bringen können. Wenn wir einmal außer Acht lassen, dass ich definitiv viel zu viele Geschichten von heldenhaften Schuljungen aus viktorianischer und edwardianischer Zeit gelesen hatte, bildete ich mir wahrscheinlich ein, ich hätte einen neuen Weg entdeckt, um für andere Leute Probleme zu lösen.

Ganz einfach. Man schafft sie weg – die Leute nämlich. Man schafft sie aus der Schusslinie und nimmt dann den ganzen Beschuss auf sich selbst, bis das Problem nachlässt oder verschwindet. Was spielt es schließlich schon für eine Rolle, wenn es eine Weile wehtut? Schmerzen vergehen wieder. Wichtig ist nur, dass man das Problem für die anderen gelöst hat oder zumindest für eine Weile hat verschwinden lassen. Es hat absolut nichts mit Tapferkeit zu tun, denn im Rückblick erkenne ich dieselbe Vorlage, dasselbe Muster wieder in meiner Arbeit mit Heimkindern, in der Erziehung meiner eigenen Kinder und in meiner Tätigkeit als Autor und Redner in den letzten zwanzig Jahren. Was macht es schon, wenn ich öffentlich einen schmerzhaften Granatsplitterhagel der Verwirrung, der Zweifel und der Ängste über mich ergehen lasse? Was spielt das schon für eine Rolle, solange die anderen sicher hinter dem Garagentor sitzen? Sie können wieder herauskommen, sobald die Gefahr vorbei ist. Und dann können wir weiter Französisches Kricket spielen, als wäre überhaupt nichts gewesen. Und wie schon gesagt, es verlangt überhaupt keinen Mut von mir – nur die Entscheidung, es auf meine eigene, seltsam widersprüchliche und kontrollierende Art zu tun.

Hat Gott diese Vorlage entworfen, oder habe ich es selbst getan? Ist sie richtig? Funktioniert sie? Ist sie von Bedeutung? Gebraucht Gott sie, oder umgeht er sie wie ein Hindernis? Bin ich ein totaler Spinner? Das sind die naheliegenden Fragen. Ich vermute, da Gott nun einmal Gott ist, wird er von mir erwarten, dass ich nach ein paar Antworten darauf grabe. Im Moment habe ich noch keine.

Noch ein Gedanke zu Deinem Brief über Deinen Vater. Neulich abends war ich in einem Bibelkreis, wo wir über die Stelle im Anschluss an die Bergpredigt sprachen, wo Jesus sagt, wir müssten nur bitten, und Gott werde uns geben, was wir brauchen. Menschliche Väter geben ihren Sprösslingen gute Gaben, fährt er fort; wie viel mehr also wird unser himmlischer Vater seine Kinder großzügig beschenken?

Ein Teilnehmer der Gruppe erzählte von einem Freund, der Krebs im Endstadium hat, und fragte, wieso ein Gott, der so viel verspricht, die inständigen Gebete all derer, die diesen Kranken lieben, nicht beantwortet hat. Ich kenne nur zu gut die Liste der zweifellos zutiefst bedeutungsschweren Antworten, manche glatt, manche abgedroschen, die wir routinemäßig auffahren, um solche Fragen zu beantworten. Ich habe sie selbst schon verwendet. Du auch, Jeff, schätze ich. Doch diesmal vergaß ich diesen handlichen Katalog für einen Augenblick und erinnerte mich an all die guten, treuen Leute, denen ich begegnet bin, die aufrichtig daran festhalten, Gott als Vater zu sehen, aber immer wieder verdattert und enttäuscht darüber sind, dass er anscheinend nicht in die scheinbar wahllos eintretenden Ereignisse in ihrem Leben und im Leben anderer eingreift.

In der ganzen kollektiv optimistischen Welt des evangelikalen Christentums entdecke ich Anzeichen für eine tief empfundene Sehnsucht nach einem Moment wie aus dem Film *Jeden Morgen hält derselbe Zug* – nach jenem wunderbaren Moment, wenn der Nebel sich teilt und die Luft erfüllt ist von einem starken, herrlichen Zauber und wir dem, über den wir so lange nachgedacht und geredet und gelesen haben, den wir zu begreifen versucht und nach dessen Nähe wir uns gesehnt haben, endlich zurufen: »Papa, mein Papa!«

Egal, was für Parolen von den Brustwehren des belagerten Christentums gerufen werden: Das ist ein sehr berechtigter Wunsch, findest du nicht? Ich vertraue Jesus mehr als diesen geistlichen Agoraphobikern. Er lässt Träume wahr werden.

Ich danke Dir sehr für Deinen letzten Brief, Jeff.

Gott segne Dich,

Adrian

SIEBEN

Lieber Adrian,
danke für Deinen Brief. Deine Worte hatten den Effekt eines dieser herrlichen rotierenden Feuerwerkskörper, an die ich mich aus Lagerfeuernächten erinnere (ich kann die Würstchen, die Zwiebeln und den Tomatenketchup geradezu riechen). Diese Feuerräder drehen sich wie wild und streuen Feuer und Licht in alle Richtungen. So ging es mir auch mit Deinem Brief – er ließ einen Funkenschauer durch meinen Kopf regnen und löste alle möglichen Gedanken bei mir aus, manche absurd, andere vielleicht gar nicht so absurd. Kommen wir erst zum Lächerlichen und dann zum Erhabenen (na schön, kann auch sein, dass ich dem Erhabenen nicht einmal nahe komme).

Es tut mir sehr leid, von Deinen Gedärmen zu hören. Ich werde sie in meine Gebete einschließen. Wenn ich das nächste Mal in der Gemeinde bin und aufgefordert werde, Gebetsanliegen zu nennen, so wisse, dass wir die Plass'schen Eingeweide zum Himmel emporheben werden. Ich scherze natürlich nur, aber beim Abfassen dieses albernen Absatzes werde ich daran erinnert, wie eine liebe Frau während eines gut besuchten Gottesdienstes, an dem ich teilnahm, um Fürbitte für die verdrehten Hoden ihres Sohnes bat. Der arme Junge war selbst dabei und wand sich vor Verlegenheit, während die ganze Gemeinde die Himmelspforten um Befreiung seines tragisch verknoteten Unterbaus bestürmte. Einige der Männer in der Gemeinde beteten sogar unter

Tränen, mit unübersehbarem Mitgefühl. Möglicherweise, Adrian, ist eine derartige Verknotung der niederen Regionen ein durchaus verbreitetes Problem. Ich werde Dich nicht fragen, ob Du persönlich eine derartige Wirrnis der unteren Körperhälfte je selbst erlebt hast. Ich freilich habe schon etliche Christen getroffen, bei denen so manches ein bisschen verknotet zu sein scheint. Jene »giftonymen« Leute (Dein neues Wort finde ich herrlich), mit denen wir über die Jahre zusammengestoßen sind, haben vielleicht auch ihre Knoten, mit denen sie fertig werden müssen.

Um wieder ernst zu werden: Ich war betroffen, ja wütend, als ich von dem schrecklichen Erlebnis Deiner Steinigung las. Obwohl es schon so viele Jahre her ist, wäre ich am liebsten losgezogen, um diesen ekelhaften Tyrannen Richard Adams ausfindig zu machen. Vielleicht könnten wir ihn übers Internet aufspüren. Wir tragen seinen Namen auf der Seite StayEnemies ein, dann gehen wir hin und lassen ihm ein evangelistisches Flugblatt zukommen (um einen Ziegelstein gewickelt). Hinterher können wir ihn dann um Vergebung bitten.

Tolle Vorstellung, Adrian: Du als Held der Schule, als kleiner Superman, nur ohne blaue Strumpfhosen, mit dem Rücken zum Garagentor, während der widerliche Richard seine Geschosse auf Dich einprasseln lässt. Es war sehr tapfer von Dir, das Trommelfeuer auf Dich zu nehmen und Deine Freunde zu schützen. Dann allerdings fing ich an, mich zu fragen, was *sie* eigentlich gedacht und getan haben, während Du Deine Version von Custers letztem Gefecht inszeniertest. Sie müssen doch gehört haben, wie die Steine gegen das Garagentor prasselten, und vielleicht sogar, wie Du aufgeschrien hast, wenn Dich wieder einmal ein Geschoss im Gesicht oder am Leib traf. Warum sind sie nicht herausgekommen, um Dir zu helfen? Warum habt ihr drei euch nicht zusammengetan und diesem Tyrannen eine Abreibung verpasst? Wich Deine Erleichterung, als Adams weiterging, der Verärgerung und Enttäuschung: »Wieso habt ihr mich im Stich gelassen?« Ich sage das, weil wir über Verletzungen sprachen. Mir fällt es zigtausend Mal schwerer, mich *von* der Gemeinde verletzen zu lassen, als mich *für* sie verletzen zu lassen. Wenn Leute, die eigentlich Teil meiner Familie sein sollten, mich verletzen oder im Stich lassen, dann blute ich viel stärker. Das wirft die Frage auf: Wie behält man eigentlich die Hoffnung für die zerlumpte, wunderbare, lächerliche, schöne Braut/Zicke, die die Gemeinde ist? Manche Christen werfen das Handtuch, wenn es um Sankt Sowieso geht, und machen lieber das Snug im *Alten Hund* zu ihrer Gemeinde. Bist Du nie in Versuchung, Dich ihnen dauerhaft anzuschließen?

Und dann habe ich mich gefragt (wie Du selbst es ja auch immer noch tust), *wieso* Du Dich damals eigentlich einfach so da hingestellt hast. Ich muss gestehen, hätte ich das getan, so wären meine Motive dabei wahrscheinlich gemischt gewesen. Mein Edelmut wäre mit weniger heldenhaften Ambitionen verwässert gewesen. Zum einen hätte es vielleicht feige ausgesehen, kehrtzumachen und die Flucht zu ergreifen – ich hätte mir also vielleicht zu viele Gedanken darüber gemacht, wie ich dastehe. Ich hätte nicht nur der Held sein, sondern auch ganz klar als der Held *gesehen* werden wollen. Du hast die Bergpredigt erwähnt. Wie ein Pharisäer, der Acker Bilk und seine Paramount Jazz Band engagiert, damit sie eine fetzige Klarinettennummer spielen, um zu verkünden, dass er zehn Cent in die Opferschale legt, oder der sich das Gesicht mit »Colour-of-Death«-Puder von Max Factor bleicht, damit alle Welt weiß, dass er fastet, lege ich Wert auf den höchst erfreulichen Nebeneffekt, dass man *sieht*, wie toll ich bin. Es erfordert schon eine Menge Charakter, heimlich gut zu sein, nicht wahr?

Außerdem hätte ich diesem fiesen Adams natürlich den Rücken zukehren müssen, um mich in die Garage zu flüchten. Ein paar schreckliche Sekunden lang hätte ich nicht sehen können, wohin die Steine flogen, sodass ich ihnen nicht hätte ausweichen können. Das alles führt mich zurück zu Deiner Kernfrage: Warum tun wir eigentlich, was wir tun? Geschieht es aus reinen Motiven? Ich bin sicher, dass ich noch nie irgendetwas aus vollkommen richtigen Gründen getan habe. Selbst bei meinen höchsten geistlichen Höhenflügen (wie auch immer die aussehen mögen) ist ein heimlicher, verstohlener kleiner Hintergedanke dabei, gut dazustehen, auf die Schulter geklopft zu bekommen, manchmal auch besser abzuschneiden als andere. Vielleicht schwärze ich mich selbst zu sehr an, aber ich weiß nun einmal, dass das Selbst der lästige Fleck ist, der so schwer aus mir herauszuwaschen ist. Manchmal hätte ich sogar Lust aufzugeben – nicht wegen irgendwelcher Steine, die andere auf mich werfen, sondern weil mich diese unfertige Baustelle, die mein Leben ist, so zermürbt. Noch schlimmer wird es, wenn es bei anderen so leicht aussieht und wie am Schnürchen zu klappen scheint, so als wäre »geistliches Wachstum« ein flotter Fußmarsch einen schnurgeraden Weg hinauf, der bis auf den Gipfel des Everest führt, eine gerade Linie in einem Koordinatensystem. Aber ich marschiere oder gehe nicht mit Jesus; ich stolpere hinter ihm her und lege häufig Pausen ein. Manchmal kann ich mich auch mit Charlie Brown von den Peanuts identifizieren. Er geht zu Lucys Bude, wo sie »psychologische Beratung für fünf Cent« anbietet, und sie sagt ihm, er müsse wissen, wohin er in seinem Leben wolle. Manche Leute, erklärt ihm Lucy, navigieren sich mit dem Liegestuhl am Bug des Schiffes durchs Leben – das sind diejenigen, die wissen, wohin die Reise geht. Andere hingegen stellen ihren Liegestuhl lieber ans Heck, damit sie darüber nachdenken können, wo sie herkommen. Charlie findet diese tiefsinnigen Ratschläge nur verwirrend und meint, er kriege seinen Liegestuhl gar nicht erst aufgeklappt. Ich liebe Charlie.

Vielleicht müssen wir in unserem Streben nach Vollkommenheit (um Jesus zu zitieren, obwohl die Aufforderung in der Bergpredigt, wir sollten »vollkommen« sein, mir früher immer wie ein unüberwindlicher Berg erschien, bis ich lernte, sie als visionäre Berufung statt als unmögliche Forderung zu verstehen) auch unseren Frieden mit dem Scheitern machen, ohne uns ihm zu unterwerfen. In einem Deiner vorherigen Briefe, Adrian, hast Du Elia erwähnt. Und Du hast eindrucksvoll von Deinem und Petrus' kindlichem Wunsch gesprochen, *gut genug* zu sein. Wäre es möglich, dass dem Starpropheten nicht deshalb die Sicherung durchbrannte und er sich in seiner Höhle verkroch, weil er von Isebel einen Einschreibebrief mit einer Todesdrohung bekam, sondern weil er nie gelernt hatte, mit seiner eigenen Zerbrechlichkeit klarzukommen? Vielleicht hatte er gedacht, der Berg Karmel würde ein neues Stadium in seinem Leben einläuten, in dem alles wie am Schnürchen klappte – aber so war es nicht, und er war bitter enttäuscht. Diesem Muster folgen etliche Christen heute. Sie düsen kreuz und quer durch die Welt, immer hinter der neuesten Erweckung oder dem neuesten Trend her, der sich dann unvermeidlicherweise als Trugbild entpuppt. Elia hatte Angst und kam nicht mit dieser Angst klar. Er war am Boden zerstört über sein eigenes Versagen. Es gibt eine wenig beachtete Zeile in Elias Jammertirade vor Gott: »Ich bin nicht besser als meine Väter.« Das ist eine vielsagende Aussage, denn es hatte ja nie jemand von ihm verlangt, besser zu sein als sie. Er war nicht überlegen, sondern nur berufen. Aber irgendwo unterwegs war ihm dieser Gedanke »Ich bin besser« in den Schädel gekommen. Deshalb verstand er die Welt nicht mehr, als er dann doch zusammenbrach wie ein gewöhnlicher Sterblicher.

Vielleicht ist das der Punkt, an dem manche von uns Christen in eine aufgeblasene, hohle Frömmigkeit verfallen – in das »Tue-Gutes-und-rede-darüber«-Muster, von dem ich vorhin gesprochen habe: wenn wir anfangen, uns für besser zu halten. Wenn etwas Gutes an uns ist, dann doch nur, weil Gott am Werk war und die Verbesserungen bewirkt hat. Es ist Gnade, die uns zufließt, nicht nur Schweiß, den wir selbst vergossen haben. Außerdem sind wir im Vergleich zu Gottes schrecklicher Heiligkeit (ich sage schrecklich, weil sie wirklich etwas lähmend Erschreckendes an sich hat) ja doch alle total kaputt. In dem Moment, in dem die Mutter Kirche als Mutter Oberin posiert, ist sie in Schwierigkeiten.

Wir sind nicht besser, wir sind nur neu gemacht. Und wir bewegen uns auf einem krummen, verschlungenen Pfad, der oft Schlenker mitten durch wildes Gestrüpp macht, wo die meisten Tage unter der Überschrift »Keine besonderen Vorkommnisse« verbucht werden können. Deshalb bin ich froh, dass Du nicht versucht hast, über Deinen Vater zu reden. Was immer es ist, was Dich veranlasst, darüber zu schweigen, es ist eine Erleichterung, zu wissen, dass Du nicht unter dem Druck stehst, alles jetzt sofort in Ordnung bringen zu müssen. Dazu kommt es vielleicht an einem anderen Tag oder in einem anderen Jahr, oder vielleicht auch nie.

Was die ganze Sache mit der Vergebung angeht, kann ich Dir nur aus vollem Herzen zustimmen. Manchmal höre ich Christen über Vergebung reden, als wäre sie eine Nescafé-Sorte, ein Instantpülverchen. Was ist überhaupt echte Vergebung? Sie erschöpft sich jedenfalls nicht darin, das evangelikale Mantra zu rezitieren: Ich vergebe. Ich komme noch einmal auf meinen verschlungenen Pfad zurück – es muss eine Reise sein, eine lange, beschwerliche Wanderung, und dazu gehört eine Reihe schwerer Entscheidungen, um aus dem Teufelskreis der Ungnade auszubrechen. Oder wie das Erklimmen einer weiteren Sprosse der Leiter, um deine Metapher zu verwenden. Manche dieser drängenden Aufforderungen, »jetzt sofort zu vergeben«, klingen bedenklich ähnlich wie Nietzsches Auffassung, wir sollten unsere Wunden einfach abschütteln, als wären wir für Verletzungen unangreifbar. Aber das sind wir nicht.

Ich frage mich sogar, ob es nicht einer neuerlichen Misshandlung gleichkommt, wenn zum Beispiel jemand, der sexuell missbraucht wurde, aufgefordert wird, den Täter einfach freizusprechen. Wir können den Leuten ohne Ende sagen, Vergebung sei ein wesentlicher Bestandteil ihrer Heilung (und das ist sie auch), Gott rufe uns zur Vergebung auf (und das tut er) und Bitterkeit sei ein verheerendes Gift (zweifellos). Aber selbst wenn sie sagen, dass sie sich danach sehnen, zu vergeben (oder vielleicht eher danach, gehorsam zu sein, selbst wenn *tatsächlich* Vergebung zu üben das Letzte ist, wonach sie sich sehnen): Der Weg dahin könnte eine lange, schonungslos ehrliche Reise sein – eine von der Art, bei der man zwei Schritte vorwärts und drei zurück macht.

Siehst Du es mir nach, wenn ich nur noch eine einzige Geschichte von meinem Vater erzähle? Ich mache es kurz.

Bevor er aus jenem Kriegsgefangenenlager floh, musste er mit ansehen, wie einige seiner Freunde ermordet wurden. Die deutschen Wachsoldaten brachen ihnen mit den Gewehrkolben die Genicke. Er und ein anderer Mann, mit dem er gemeinsam floh, bahnten sich ihren Weg durch einen Wald und stießen dann auf eine Lichtung, auf der sich das Haus einer deutschen Familie befand. Der Mann war an der Front, und die Frau war allein mit ihren Kindern zurückgeblieben. Als sie sich plötzlich zwei verdreckten, ausgemergelten, flüchtigen Kriegsgefangenen gegenübersah, fuhr ihr der Schrecken in alle Glieder, und sie fürchtete Vergewaltigung und Tod. Mein Vater und sein Freund versicherten ihr, sie wollten weder Rache noch Sex, sondern nur etwas zu essen. Sie und ihre Kinder seien vollkommen in Sicherheit. Sie baten sie nur um eines: Kartoffeln ohne Schalen. Während ihrer vier langen Jahre in Gefangenschaft hatten sie nur ungeschälte Kartoffeln zu essen bekommen. Freiheit, das war für sie der Luxus der geschälten Version. Als sie am nächsten Tag wieder aufbrachen, umarmte sie die beiden und bedankte sich bei ihnen, als wären sie liebe Freunde. Dadurch, dass sie ihren Zorn nicht an ihr ausließen, gingen sie einen kleinen Schritt der Gnade. Das heißt freilich nicht, dass mein Vater ein Experte im Vergeben gewesen wäre; im Gegenteil – er war sowohl nobel als auch mit Fehlern behaftet. Noch Jahre nach dem Krieg hatte er ein echtes Problem mit Italienern (da er in einem ihrer Gefangenenlager schwer gelitten hatte). Manchmal ging er auf der Straße auf wildfremde Leute los, die italienisch aussahen, und schlug auf sie ein. Er war ein guter Mensch, aber auch zugleich rachgierig. Er ging auf dem Pfad der Vergebung mit unsicheren Schritten.

Und das gilt gewiss für uns alle. Ich verstehe nicht, warum Gott, der liebende Vater, sich nicht häufiger blicken lässt, als er es tut, warum er nicht öfter eingreift, Tränen abwischt und Krebsgeschwüre verschwinden lässt. Ich verstehe das Schweigen nicht. Was mir zu schaffen macht, ist nicht so sehr, dass Gott bisweilen untätig zu sein scheint, sondern dass er obendrein auch noch schweigsam ist. Nicht das ausbleibende Eingreifen, sondern die fehlende Erklärung ist es, die mich verwirrt. Aber wenn ich auch noch so vieles nicht verstehe, ich klammere mich an dies: Mitten in meinem Durcheinander aus Gut und Schlecht, in meinen Erfolgen und meinem Scheitern, in den Goldkörnern und den Schlammpfützen, die mich ausmachen, liebt mich dieser Vater irgendwie, und Dich ebenso.

Liebe Grüße an Bridget,

Jeff

PS Nachdem ich mich zu Anfang dieses Briefes an die Feuerräder und Lagerfeuerabende vergangener Zeiten erinnert habe, ist mir plötzlich wieder eingefallen, dass unsere fröhlichen Familienzusammenkünfte sich immer um eine nachgeäffte Hinrichtung drehten. Mit lachenden Gesichtern schlürften wir unsere heiße Schokolade, mampften unsere Würstchen und taten so, als ob wir einen Mann bei lebendigem Leib verbrennen würden. Wir Menschen sind schon komische Vögel, findest du nicht?

ACHT

Lieber Jeff,
danke für Deinen letzten Brief und besonders für die zweite Geschichte über Deinen Vater. Ich wünschte, ich hätte ihn kennengelernt. Eines Tages werde ich es.

Was Du über das »Selbst« gesagt hast, das ein lästiger Fleck sei, hat mich über alle möglichen Dinge ins Nachdenken gebracht; unter anderem über etwas, was vor ein paar Monaten passierte.

Damals fuhren Bridget und ich nach Redhill, um meinen Bruder Ian im Krankenhaus zu besuchen. Er war wegen Herzproblemen in Behandlung und schien gute Fortschritte zu machen, Gott sei Dank, abgesehen von der erzwungenen Untätigkeit, die noch dadurch verschlimmert wurde, dass er als äußerst beleibter Mann in einem sehr schmalen Bett liegen musste, der arme Kerl. Hinterher suchten Bridget und ich uns einen Parkplatz in einer Straße nahe der Stadtmitte, von wo aus ich zwei- oder dreihundert Meter weit die Straße entlanggehen und einen Laden aufsuchen wollte, von dem es hieß, er sei auf etwas spezialisiert, was ich brauchte. Eines meiner eigenen Spezialgebiete ist es, die Dinge, die ich haben will, nicht in den Geschäften zu bekommen, die sie auf Lager zu haben behaupten. Als ich also wenige Augenblicke später mit leeren Händen und gereizt aus dem Laden trat und es vielleicht ein wenig zu schwernahm, dass ich einen Artikel, der theoretisch der Daseinszweck dieses Etablissements war, dort nicht hatte bekommen können, erlitt ich plötzlich einen krampfartigen Anfall von: »Herr, warum kannst du nicht dramatischer und konkreter in mein Leben hineinsprechen?« Solche Krämpfe kriege ich ab und zu.

»Würdest du mir bitte erklären«, erkundigte ich mich stirnrunzelnd beim Schöpfer des Universums, »wie ich je eines dieser Zeugnisbücher mit einem Wunder pro Seite schreiben soll, wenn du dich nicht dazu herablässt, ein bisschen häufiger zu intervenieren? Komm schon! Wie wäre es mit einem kleinen Wunder für das fünfzehnte Kapitel? Aber im Ernst«, fuhr ich fort und tat so, als bereute ich meinen bissigen Sarkasmus, »es wäre wirklich schön, mal ein Zeichen zu bekommen, eine Botschaft, die – na ja, mich aufwärmt und mir einen Schubs in die richtige Richtung gibt.«

In der Ferne sah ich auf dem ansonsten menschenleeren Bürgersteig eine Frau auf mich zukommen.

»Wie wäre es mit der da zum Beispiel?«, sagte ich zu Gott. »Die Frau wäre genau richtig. Eine Wildfremde. Wie wär's, du lässt sie anhalten, wenn sie bei mir ist? Sie könnte mir eine wichtige, bedeutsame Botschaft für mein Leben ausrichten.«

Natürlich wird das nicht passieren, sagte ich mir missmutig, während die Gestalt immer näher kam. Ich kriege nie die Chance, mir auszusuchen, wann solche Dinge passieren. Sie wird einfach an mir vorbeigehen, und das war's. Eins steht fest, *dieses* kleine Nichtereignis kommt jedenfalls nicht in mein Zeugnisbuch. Stell Dir nur vor:

Kapitel 15
Gott anderweitig beschäftigt – Keine besonderen Vorkommnisse

Meine Skepsis, die dem Esel I-Ah alle Ehre machen würde, war mir so eingefleischt, dass ich beinahe achtlos weitergegangen wäre, als die Frau tatsächlich wie angewurzelt stehen blieb und mir ins Gesicht starrte.

»Sie sind Adrian Plass«, sagte sie mit jenem leisen Staunen in der Stimme, das man bei Leuten hört, die entdecken, dass jemand, von dem sie nur früher einmal gehört haben, tatsächlich leibhaftig existiert.

»Ja«, erwiderte ich. Alles in mir zitterte in gespannter Erwartung des elektrisierenden Wortes vom Herrn, das sie mir gleich sagen würde. »Ja, der bin ich.«

»Wir mögen Ihre Bücher sehr«, sagte sie, »meine Familie und ich. Eine große Hilfe. Herzlichen Dank!«

Ich wand mich und gab Laute der Bescheidenheit von mir – meine gewohnte, kindische Reaktion auf Komplimente. Innerlich aber schrie ich: »Ja, ja, schon gut! Was noch? Was haben Sie mir von Gott zu sagen?«

Möglicherweise bemerkte sie den Anflug eines wahnsinnigen Glimmens in meinen Augen. Jedenfalls setzte die Frau ein freundlich-neutrales, distanziertes Lächeln auf.

»Äh, nun ja, jedenfalls, war sehr nett, Sie kennenzulernen.«

Und dann ging sie weiter. Kannst Du das fassen? Sie ging einfach weiter!

»Wie jetzt!« Ich war nicht zufrieden mit dem Herrn des Universums. »Das war ja wohl nicht gerade beeindruckend, oder? Dass die Frau stehen geblieben ist, hast du ja noch hingekriegt, aber was ist mit der ach so bedeutungsschwangeren Botschaft? Wo bleibt die, hm? Na? Na?«

Eine Weile fühlte ich mich ziemlich enttäuscht. Doch im Laufe des Tages dachte ich über diese Begegnung nach. Was hatte sie eigentlich zu bedeuten, falls überhaupt etwas? Ich weiß nicht, ob Du das auch schon mal erlebt hast, Jeff, aber in meinem Kopf laufen hin und wieder solche Dialoge mit jemandem ab, den ich, wenn ich ganz ehrlich bin und es genau nehme, nur als die »andere Seite des Dialogs« (ASDD) bezeichnen kann. Steckt Gott darin? Keine Ahnung. Hoffe ich, dass Gott darin steckt? Ja. Werde ich es wohl diesseits des Grabes je herausfinden? Nein, höchstwahrscheinlich nicht. Nun ja – wie auch immer. Der Dialog lief folgendermaßen. »I« bin ich, »A« ist die andere Seite.

A: Du warst also nicht sehr zufrieden mit dem Verlauf deiner Begegnung mit dieser Frau?

I: Nein, nicht besonders. Ich hatte auf etwas Handfesteres gehofft, etwas Überraschenderes, wenn du weißt, was ich meine. Ich weiß, ab und zu kriege ich auch mal einen Schmiss, aber im Laufe der Jahre haben mir schon viele Leute gesagt, dass ihnen meine Bücher gefallen. Das ist nicht gerade etwas Neues, oder?

A: *(trocken)* Nein, etwas Neues ist das nicht. Soso, du hast es also ein wenig über, ja?

I: *(leicht beunruhigt)* Wie meinst du das?

A: Adrian, manche Leute würden ihre Eckzähne dafür hergeben, um das zu haben, was du hast, und das zu tun, was du tust. Es gibt Leute, die von so einer warmherzigen, bestätigenden Bemerkung, wie diese Frau sie dir gegenüber gemacht hat, vier Wochen lang zehren. Manchen Leuten würden solche Worte das Herz so sehr erwärmen, dass sie verstehen, dass die »richtige Richtung« (um deine eigene Formulierung zu gebrauchen) genau auf dem Pfad liegt, den du bereits eingeschlagen hast. Diese Frau, die dir schon zwei Mal begegnet ist, einmal in deinen Büchern und einmal persönlich, liegt mir sehr am Herzen, ebenso wie jeder andere Mensch wie sie.

I: Also, was du damit sagen willst, ist –
A: Sei dankbar für das, was du hast, und hör auf zu stöhnen.
I: *(nach mehrmaligem ernüchtertem Kopfnicken)* Gut. Kapiert. Gut …

Es war ein peinlicher Moment für mich, Jeff. Hin und wieder bin ich ganz besessen von diesem ärgerlichen Flecken meines »Selbst«, und manchmal tarnt sich das als eine Art fadenscheinige Demut. Zum Beispiel bei der Gelegenheit, als ich eines Abends im tiefsten Winter auf einen Veranstaltungssaal zuging und mich fühlte wie etwas, was nach dem Regen aus einem toten Baum gekrochen war.

»Herr«, stöhnte ich, »ich weiß wirklich nicht, wie ich in dieses Gebäude gehen und vor all den Leuten da über dich sprechen soll. Ich habe mich gerade eben mit Bridget am Telefon gestritten, ich habe seit einer Woche nicht mehr in der Bibel gelesen, und ich fühle mich ungefähr so geistlich wie der Hintern eines toten Bären. Ich bin nicht zu gebrauchen!«

Das war das Stichwort für die ASDD. »Jetzt pass mal auf. Du kannst dich von mir aus in einer Ecke verkriechen und auf dich selber einprügeln, soviel du willst. Wirf dir selber alle Schimpfnamen unter der Sonne an den Kopf. Kauere dich in einen elenden Winkel, und lass dich von Kopf bis Fuß vom Selbstmitleid durchtränken. Nur zu! Aber verachte niemals, niemals, *niemals* das, was ich durch dich tue. Briefträger lächeln, wenn ihnen die Füße wehtun, und liefern die Post aus. Sie schreiben nicht die Briefe. Kapiert?«

Ich habe es kapiert. Daran versuche ich mich festzuhalten. Manchmal vergesse ich es wieder, wie neulich in Redhill, und dann geht das Gestöhne wieder los.

Stöhnen ist etwas, worüber wir in der christlichen Szene

nicht viel reden, stimmt's, Jeff? Vielleicht sollten wir das aber. Ein Freund von mir namens Steve ist fest davon überzeugt, dass wir das tun sollten. Er leitet eine große christliche Tagungsstätte im Westen von England. Eines Abends entspannten wir uns gemeinsam bei einer Flasche Hardy's Stamp in seinem urgemütlichen Wohnzimmer, und im Laufe des Abends erzählte er mit seltener Offenheit vom Segen und Fluch seiner Berufung. »Ich sage dir, was das Hauptproblem mit den Christen ist, die hierherkommen«, sagte er, schenkte sich noch ein Glas ein und ließ sich zurück in die Tiefen seines herrlich kuscheligen alten Sessels sinken. »Nicht, dass sie sich betrinken würden. Jedenfalls nicht, dass ich je etwas davon mitbekommen hätte. Und sie laufen hier auch nicht fluchend herum, fangen Schlägereien an oder klauen sich gegenseitig Sachen. Derartige Probleme gab es hier noch nie. Aber ich sage dir, was sie tun. Sie stöhnen. Nicht alle. Aber viele. Neulich hatte ich zum Beispiel eine Frau hier. Sie fand eine dicke Spinne in ihrem Bad, oder besser gesagt, die Spinne fand sie, wenn du verstehst, was ich meine. Sie sagte, sie sei schockiert – das war das Wort, das sie gebrauchte –, zutiefst *schockiert* darüber, dass so etwas in einer christlichen Einrichtung passieren könne.« Er schüttelte verzweifelt den Kopf. »Ich wusste nicht, was ich sagen sollte. Und das ist nur ein Beispiel. Ich habe die Nase voll von dem Gestöhne. Gestrichen voll.«

Natürlich hatte ich vollstes Mitgefühl mit Steve, und ich schätze, wir waren uns stillschweigend einig darüber, dass wir selbst nicht Teil dieser schrecklichen Stöhngesellschaft waren. In Wirklichkeit stimmt das freilich keineswegs, jedenfalls nicht, was mich betrifft. Ich neige manchmal sehr dazu, mich im Elend zu wälzen, und das wird vermutlich auch immer so bleiben, weil ich einfach so gestrickt bin. Dabei habe ich (das heißt, wir beide, würde ich meinen) so *viel*, wofür wir dankbar sein können. Nicht zuletzt für das Privileg und das unbändige Vergnügen, Leute zum Lachen bringen zu dürfen.

In einem Deiner Briefe erwähntest du die Person, die gerne Jesus hören wollte statt Deines »unsinnigen Geschwafels«. Diese schwerfällig dozierende Überheblichkeit hat etwas so Ironisches an sich, dass es einem den Atem verschlägt. Einer der schönsten, lohnendsten Aspekte an der Arbeit, die wir beide tun, Du und ich, ist die Chance, die geistlich-therapeutische Wirkung eines ordentlichen Gelächters beobachten zu können. Im Laufe der Jahre waren viele Leute so nett, nach einem Abend auf Bridget und mich zuzukommen und uns von ihrer Erleichterung darüber zu berichten, dass sie nach einem kürzlichen Verlust immer noch lachen können. Eine Frau in Neuseeland erzählte, wie ihr Vater mit einer unheilbaren Krankheit und einer lähmenden geistlichen Depression ins Krankenhaus gekommen war. Sie gab ihm ein Exemplar des *Tagebuchs eines frommen Chaoten* zu lesen. Als ich sie etwas nervös fragte, welche Wirkung das gehabt habe, lächelte sie unter aufquellenden Tränen. Ihre Antwort war herzlich und schlicht.

»Adrian, er hat sich totgelacht.« Was Seelsorge angeht, wie könnte ich mir in dieser Welt jemals mehr erhoffen als das? Das Lachen kann im Leben von Menschen, die im Schatten leben, Jesus selbst sein. Es kann heilsam subversiv sein in Situationen, die wie Ballons zum Platzen gebracht werden müssen. Es kann unruhigen Seelen neue Zuversicht geben, dass Gott klar und vernünftig ist. Es kann Lächeln mit Tränen zu einem Cocktail der Emotionen mischen, der uns einen kleinen Vorgeschmack des Himmels gibt. Es kann sein wie ein Feiertag in der Alltagsmühle von Trauer und Verlust. Es ist etwas so Herrliches. Ist es nicht ein Glück für uns, bei alledem mit dabei zu sein?

Manchmal, wohlgemerkt, gibt es auch ein paar harte Nüsse zu knacken, wie Du sicherlich weißt. Letztes Jahr fuhr ich auf eine große christliche Konferenz im Norden, um einen Abend lang Auszüge aus einem Buch namens *Bratwurst mit Senf und Seelenheil* vorzutragen. Es war ein harter Tag, weil ich gerade eine üble Innenohrentzündung hatte, aber die Veranstaltung fing sehr gut an. So ziemlich alle lachten aus vollem Herzen. Nur eine recht beleibte Dame, die direkt vor mir in der Mitte der ersten Reihe saß, quittierte all meine Bemühungen, amüsant zu sein, mit einer starren, unveränderlichen Miene grimmiger Missbilligung. Im Geist taufte ich sie Bessie Braddock. Bessie blieb bei ihrer leicht zermürbenden Teilnahmslosigkeit, bis ich in meiner Darbietung den Punkt erreichte, an dem ich auf einen obskuren Stamm aus dem Alten Testament zu sprechen kommen wollte.

»Wussten Sie«, erkundigte ich mich mit feierlichem Ernst, »dass es im Alten Testament einen Stamm gibt, der Girgaschiter genannt wird?«

Täuschte ich mich, oder hatte ich da eine kaum merkliche Regung wahrgenommen in dem heiligen Berg, der Bessie war? Ich sah sie direkt an, als ich langsam mit eindringlichem Ernst weitersprach.

»Stellen Sie sich vor, Sie *wären* ein Girgaschiter.«

Bessie begann am ganzen Leib sanft zu beben wie ein Vulkan, der ernsthaft überlegt, ob er nicht vielleicht irgendwann einmal ausbrechen könnte. Einer ihrer Mundwinkel ließ sich zu einem winzigen Zucken hinreißen.

»Stellen Sie sich vor«, fuhr ich verträumt fort, »Sie würden von einer Horde Girgaschiter die Straße entlanggejagt.«

Bessie schien sichtbar anzuschwellen.

»Eine üble Attacke der Girgaschiter.«

Bessie wahrte mit Mühe und Not die Fassung.

»Es hört sich an wie eine scheußliche Magen-Darm-Verstimmung, oder? ›Ich habe eine Woche lang mit einer üblen Girgaschiter-Attacke im Bett gelegen.‹«

Bessie platzte, ungefähr so wie der riesige Fettwanst in Monty Pythons *Der Sinn des Lebens*, der in tausend Stücke zerspringt, nachdem ihm ein französischer Kellner noch »ein einziges hauchdünnes Minz-Oblatchen« gefüttert hat. Die Fetzen ihrer Heiterkeit explodierten durch die Luft, füllten den Saal und regneten auf alle Anwesenden herab.

Ein denkwürdiger Moment.

Ja, Jeff, ich liebe das Lachen, und ich danke Gott dafür. Gelegentlich stöhne ich freilich auch gerne mal …

Liebe Grüße und Gottes Segen,

Adrian

NEUN

Lieber Jeff,
ich wollte eigentlich erst wieder schreiben, nachdem Dein nächster Brief hier ist, aber ich habe das Bedürfnis, mich mit einem Freund auszutauschen. Manchmal kann es ziemlich düster um uns werden, nicht wahr? In der letzten Zeit scheine ich dauernd Leuten zu begegnen, die sich mühsam durch die finstersten Schluchten schleppen. Natürlich gibt es bei solchen Begegnungen eigentlich nur eines, woran man sich halten kann – das Inkarnationsprinzip. Hinuntergehen, dahin, wo sie sind, ihnen die Schnürsenkel binden, ihnen ein belegtes Brot machen, ihnen den Arm um die Schultern legen und sich gemeinsam wieder an den Aufstieg machen. So hat Jesus es gemacht, und Gott sei Dank für das Vorbild, das er uns gegeben hat. Es hat noch nie viel genützt, den Leuten aus der Höhe durch ein Megafon mahnende Ratschläge zuzurufen. Doch es gibt Momente, wo mir die emotionale Anstrengung, in meine persönlichen Täler der Todesschatten zurückzukehren, alles, was ich mir an dickem Fell je angeeignet haben mag, Schicht um Schicht wieder herunterreißt.

Es kann sehr schmerzhaft sein, ungeschützt und ehrlich auf Fragen zu antworten.

Erlebst du jemals echte, radikale Zweifel, Adrian?
Oh ja. Es gibt Momente, da bin ich mir absolut sicher, dass dieses ganze wackelige Gebäude des Christentums nur ein Pappmodell ist, schlecht zusammengekleistert aus Müsli-

schachteln. Es gibt Momente, in denen mich eine fundamentale Angst vor dem Nichts packt und ich schreien möchte, weil das Universum sich in einen klaustrophobischen kleinen Kasten verwandelt hat, aus dem ich nie wieder entkommen kann. Es gibt Momente, in denen ich mich frage, wie ich so viele Jahre daran verschwenden konnte, einem lächerlichen Traum nachzujagen, der niemals wahr werden kann. Es gibt Momente, in denen in meinem Bauch ein kleiner Ball aus Panik aufsteigt und dann immer größer und größer wird, wie ein schwarzer Schneeball, der in einem Albtraum einen Berg hinabrollt. Es gibt Momente, in denen mir nichts bleibt, als die Worte der letzten Strophe von John Donnes wunderbarem Gedicht *Hymne an Gott den Vater*[3] in mir widerhallen zu lassen:

Ich habe die Sündenangst: Wenn ich's verspann,
Mein Lebensgarn, sink ich, Land sehnd, ins Meer.
Sag, dass Dein Sohn als Sonne scheine dann
Bei meinem Tod wie jetzt und auch bisher.
Hast Du's getan, getan ist's nicht so Donne:
Ich fürcht nichts mehr.

Es gibt Momente, in denen mein einziger Trost der ist, den Salomo denen spendete, die im neuen Tempel feierten, als eine dunkle Wolke sich herabsenkte, den Bau erfüllte und den Feierlichkeiten ein Ende machte. »Keine Angst«, sagte Salomo, »der Herr hat gesagt, er wolle im Dunkel einer Wolke wohnen.«

Und das tut er. Er lässt sich blicken.

Adrian, war dein Glaube dir in Trauerfällen eine Hilfe?
Ja, aber nicht so ganz problemlos. Als meine Mutter starb, ging ich an einen See, setzte mich ans Ufer und schrie ein

oder zwei Mal aus qualvollem Herzen »Scheiße!«, dass es nur so über die Wasserfläche hallte. Ich war froh, dass sie sich jetzt nicht mehr mit ihrem verdammten Rollstuhl abquälen musste, und ich fand den Gedanken herrlich, der bei Maleachi so anschaulich ausgedrückt wird, sie werde nun »vor Freude springen« wie ein Kalb, das im Frühjahr »aus dem Stall hinaus auf die Weide« darf. Vor allem aber empfand ich Wut und Leid und Verwirrung und Einsamkeit. Der Mensch, der mir am meisten mit bedingungsloser Liebe begegnet war, war mir entrissen. An so etwas kommt man einfach nicht vorbei. Da gibt es keine geistlichen Abkürzungen. Jesus könnte Dir das sagen. R.E.M. haben recht. Jeder leidet. Da stecken wir alle mit drin.

Während ich diese Worte schreibe, Jeff, muss ich an eine gute Freundin von uns denken, die Ende 2008 ihren Mann verloren hat. Sie ist ein wirklich leuchtendes Beispiel dafür, was es heißen kann, Jesus nachzufolgen, aber der Tod ihres Mannes nahm ihr den geistlichen Atem. Sie war ein »Wir« gewesen; nun ist sie nur noch ein »Ich«. Es war und ist eine schreckliche Zeit für sie.

»Das Schlimme ist, Adrian«, sagte sie eines Tages mit ganz leiser Stimme, »dass es keine Lieder und Chorusse über Zeiten gibt, in denen alles beschissen ist, oder?«

Ich musste ihr zustimmen, dass die aktuellen Ausgaben von *Feiert Jesus* in dieser Hinsicht wenig zu bieten haben. Mir fiel aber ein, dass viele der Psalmen tatsächlich diesen Bereich mit großer Leidenschaft und Eindringlichkeit abdecken.

»Was wir brauchen«, meinte ich, »ist eine Art moderner Psalm, der genau deine gegenwärtige Situation behandelt. Ich versuche mal, mir etwas einfallen zu lassen.«

Und das tat ich. Hier ist er, zugeschnitten auf die Melodie eines ziemlich bekannten Liedes.

Läuse auf Rosen und im Haar der Kinder,
Andrew Neils Haare und Hundskot nicht minder,
Pickel und Warzen, die nicht mehr vergehn,
so etwas finde ich weniger schön.
Leute, die mitten im Kricketspiel schwätzen,
Fettwänste, die gleich zwei Stühle besetzen,
qualmende Öfen und Uhren, die stehn,
so etwas finde ich weniger schön.

Stinkt der Kühlschrank, ist mein Herz krank,
sind sie zu mir fies,
dann denk ich an alles, was weniger schön,
und schon geht's mir doppelt mies.
Teurer und unnützer Krimskrams in Tüten,
Klopapierroll'n in gehäkelten Hüten,
Werbeanrufe um Viertel nach zehn,
so etwas finde ich weniger schön.

Zeiten, in denen's mich beutelt, mich Armen,
gierige Anwälte ohne Erbarmen,
wahlloses Unglück, das nicht zu verstehn,
so etwas finde ich weniger schön.

Streikt der Wagen, platzt der Kragen,
fehlt mir das und dies,
dann denk ich an alles, was weniger schön,
und schon geht's mir doppelt mies.

Stinkt der Kühlschrank, ist mein Herz krank,
sind sie zu mir fies,
dann denk ich an alles, was weniger schön,
und schon geht's mir doppelt mies.

So geht es mir manchmal, Jeff. Tut mir leid, dass ich Dir meine Tirade aufbürde. Ich schätze, es gibt Zeiten, in denen man einfach nur Dampf ablassen möchte, ohne dass Gefahr besteht, dass jemand sich berufen fühlt, in Ordnung zu bringen, was immer bei einem nicht stimmen mag. Ich möchte ich sein. Ich möchte nicht in Ordnung gebracht werden. Wenn Gott ein paar Veränderungen vornehmen will, ist mir das sehr recht, aber bis dahin werde ich über das Dunkle genauso offen reden wie über das Helle in meinem Leben. Und falls jemand etwas dagegen hat, mag er sich mit Jesus darüber streiten, der mir dabei Vorbild ist.

Liebe Grüße,

Adrian

ZEHN

Hallo Adrian,
nochmals Dank für Deine Briefe. Da ich wie verrückt unterwegs war, musste ich eine Runde aussetzen; bitte verzeih.

Besonders viel Freude hatte ich an dem ersten dieser beiden Briefe. Es macht mir Mut, zu wissen, dass auch Du ein Opfer der geistlichen Wegelagerei bist. Da geht man nichts Böses ahnend seinen Alltagsgeschäften nach, und Rumms, überfällt einen plötzlich aus heiterem Himmel einer dieser »Ich-möchte-Gott-viel-deutlicher-in-meinem-Leben-spüren-und-zwar-bitteschön-mit-einem-zigtausend-Watt-Megafon-in-der-Hand-durch-das-er-mir-etwas-umwerfend-Grandioses-mitteilt«-Momente. Was mir auffällt, ist die Plötzlichkeit, mit der diese Gedanken über einen hereinbrechen. Ohne Vorwarnung rammen sie uns mit der Wucht eines Rugby-Angriffs. Da durchlebst Du einen ganz gewöhnlichen Tag, besuchst Deinen kranken Bruder (übrigens, ich hoffe, es geht ihm besser) und versuchst, Sachen einzukaufen, die nicht auf Lager sind (das passiert mir auch dauernd; deshalb sage ich immer »Sie haben nicht zufällig …«, wenn ich einen Laden betrete, weil ich tatsächlich davon ausgehe, dass das Gewünschte nicht da ist), und schon passiert es. Plötzlich pladdert eine ausgewachsene Glaubenskrise auf Dich herab wie ein Gruß von einer niedrig fliegenden Amsel, die gestern Hühnchen Madras zum Abendessen hatte.

Ich sage zwar selten »Ich weiß, wie dir zumute ist« (normalerweise haben Leute, die diesen Spruch von sich geben, nämlich nicht die leiseste Ahnung), aber diesmal glaube ich tatsächlich, dass ich weiß, wie Du Dich gefühlt hast. Ich werde häufig überfallen. Manchmal passiert es mir mitten in christlichen Versammlungen, die doch eigentlich zweifelsfreie Zonen sein sollten, in denen man intravenöse Infusionen mit Ermutigung und Kraft bekommt. Ich dagegen komme mir darin gelegentlich vor wie ein Atheist in Ausbildung. Ich kann eben noch vollkommen fröhlich und zufrieden gewesen sein, und dann geht alles den Bach hinunter, wenn der Lobpreisleiter irgendetwas unglaublich Lächerliches sagt, irgendein vor Begeisterung aus der Fassung geratener Mensch mir mit dem Wimpel, den er schwenkt, die Augen zu entfernen versucht oder ein inbrünstiger Beter Satan andonnert, er möge sich »hinwegheben«, weil ja die geistliche Kampfführung besser funktioniert, wenn man a) brüllt und b) in der Sprache der Renaissance spricht …

Zack … binnen einer Sekunde bricht die feste Burg meines Glaubens zusammen wie eine Sandburg, die unter der Brandung zu braunem, salzigem Matsch verläuft, und ich sitze da und frage mich, ob der ganze Glaube nur ein überirdischer Unfug ist. Ich bin mal wieder überfallen worden. Und das Schlimme ist nicht so sehr die Tiefe des Problems oder die Frage, die mir dabei ins Gesicht schlägt, sondern die *Überraschung* darüber, dass sie mich so schnell treffen kann. Ich wünschte, solche Gedanken würden sich vorher anmelden. Ich wäre viel glücklicher, wenn die Versuchung sich einen Termin geben lassen könnte. Wäre ich vorgewarnt, könnte ich mich präparieren.

Im Falle *Deines* Überfalls scheint mir Deine Bitte um sofortiges Eingreifen göttlicherseits erfüllt worden zu sein, und zwar pronto. Es war ja nicht so, dass Gott Dir durch diese nette, liebenswerte Frau nichts gesagt hätte – sondern nur so, dass er Dir nichts von *epischen Ausmaßen* gesagt hat. Vielleicht denken wir ja, wenn Gott spricht, sage er immer etwas Dröhnendes, den ganzen Planeten Erschütterndes, im Stil von Charlton Heston. Wir rechnen mit den Zehn Geboten, aber nicht mit einem kleinen Wort der Ermutigung. Nicht, dass ich der Meinung wäre, Gott erginge sich nur in Banalitäten. Ich habe von einer Gemeinde gehört, in der während der Adventszeit jemand aufstand, um eine »Prophezeiung« weiterzugeben: »So spricht der Herr der Heerscharen: Fröhliche Weihnachten allen in meinem Volk!« Es mag nicht sehr wahrscheinlich sein, dass Gott sich damit beschäftigt, verbale Weihnachtskarten zu verschicken, aber es ist sicher wahr, dass er durch kleine Dinge genauso zu uns reden kann wie durch die »bedeutenden« Dinge. Und schließlich ist es ja durchaus sehr wichtig, zu wissen, dass er uns mag, oder?

In Deinem Fall scheint mir, dass Gott Dir zu verstehen geben wollte, dass er Deine Arbeit schätzt – und das kann auch sehr überraschend sein. Warum meinen wir eigentlich immer, Gott wolle uns auftragen, etwas *anderes* zu tun als das, was wir bereits tun? Das lässt doch darauf schließen, dass an uns die Sorge nagt, das, was wir tun, könnte vielleicht nicht gut genug für ihn sein. Oder vielleicht ist es die Sucht nach dem Neuen, die in uns steckt: Veränderung kommt uns geistlicher (und aufregender) vor. Dabei ist es oft ein stärkerer Ausdruck unserer Treue, wenn wir da bleiben, wo wir sind. Wir lechzen nach dem glänzend Neuen. Deshalb sind ja auch diese Luftverbesserer, die nach »neuem Autoleder« duften, so beliebt.

Ich liebe neue Sachen. Wenn ich die Geschichten darüber lese, wie Israel den Befehl erhielt, Ägypten zu verlassen und sich auf den langen Marsch ins Gelobte Land zu machen, zerbreche ich mir den Kopf darüber, wieso die Leute sich so beschwert haben. Ich mag Abenteuer. Ich hätte vermutlich eher Stunk gemacht, wenn mir gesagt worden wäre, ich solle bei den Pyramiden bleiben. Vielleicht ist das der Grund, warum manche Christen ihr Leben lang von einer Gemeinde zur nächsten ziehen, wie auf einer Safari, bei der sie nach jener seltensten aller Arten suchen, Perfectus Kirchimus. Falls sie sie je finden, sorgen sie sofort durch ihren Beitritt dafür, dass sie ausstirbt. Doch sie suchen immer weiter. Eine Serie von Flitterwochenphasen, in denen alle Leute ganz wunderbar zu sein scheinen (bis auch sie für schuldig befunden werden, der mängelbehafteten menschlichen Rasse anzugehören), ist ihnen lieber, als sich die Ärmel hochzukrempeln und sich an die schwere Arbeit zu machen, Frau Schmidt, die nie aufhört zu reden, und Herrn Meier, der immer bei allem mitreden muss und jede Verantwortung, die ihm übertragen wird, mit bissigem Territorialinstinkt verteidigt, tatsächlich zu lieben.

Wie auch immer: Ist es nicht etwas Wunderbares, so ermutigt zu werden wie Du durch diese freundliche Frau? Wir alle können gelegentlich eine kleine Aufmunterung gebrauchen, oder? (Ich muss sogar gestehen, dass ich mir am liebsten täglich eine Portion Aufmunterung bestellen würde. Ich heiße Jeff, und ich bin ein Aufmunterungoholiker. Vielleicht sind das die meisten von uns.)

Ich denke an diese meckernden Israeliten. Ich fand Deine Gedanken über die christliche Neigung zum Stöhnen interessant. Die Beschreibung hört sich ein bisschen seltsam an – in den USA verwenden die Leute nicht das Wort »stöhnen«, wenn es darum geht, sich zu beklagen. Unsere amerikanischen Freunde, die allgemein eine fröhlichere Natur haben und daran glauben, dass es tatsächlich möglich sei, einen schönen Tag zu haben, meinen, Stöhnen sei etwas, was man während inniger Fürbitte und beim Sex tue. Als ich kürzlich in den USA eine Predigt mit dem Titel »Hört auf zu stöhnen« hielt, gab es einige Verwirrung und Unruhe unter Gebetskriegern und Frischvermählten.

Manche Christen haben eine hoch entwickelte Gabe des Stöhnens, in der sie sich schon so lange üben, dass sie sie praktisch zur Kunstform erhoben haben. Was aber das *christliche* Stöhnen so schwer erträglich macht, ist die Tatsache, dass wir Christen nicht nur auf sehr überhebliche, frömmelnde Art stöhnen (»Das ist nicht richtig. Ich bin nicht erfreut, und der Gott des Universums ist ebenfalls nicht beeindruckt, weil er mit mir immer einer Meinung ist«), sondern auch meistens deshalb so sehr stöhnen, weil wir Weltklassekonsumenten sind. Wenn Burger King uns unsere Cheeseburger so serviert, wie wir sie möchten, dann erwarten wir auch von der Gruntsville Evangelical Church of Christ the King, dass sie uns ebenso zuvorkommend bedient, wenn wir ihre Gottesdienste besuchen. Wenn die verwendete Bibelversion nicht unserer Vorliebe entspricht oder wenn der Prediger zu lange / kurz / amüsant / trocken / herausfordernd predigt, dann geben wir kurzerhand zu bedenken, dass der Heilige Geist darüber betrübt sein könnte. Dabei macht sich die Trinität in Wahrheit weder Sorgen um die meisten der Banalitäten, an denen wir herumnörgeln, noch interessiert sie sich auch nur dafür. Manche von uns jedoch brüllen los wie Babys, denen man die Rassel weggenommen hat, sobald irgendetwas nicht nach unserer Nase läuft.

Wir legen so viel Wert darauf, dass alles so ist, wie wir es gerne haben, Adrian, dass ich mich schon gefragt habe, ob wir nicht in unseren Gemeindehäusern Abteilungen einrichten könnten, so wie es in Restaurants Raucher- und Nichtraucherbereiche gab, bevor jenes selige Gesetz in Kraft trat, das aus allen Nikotingenießern frierende Geächtete machte.

Begrüßungsdienst: *(lächelnd)* Guten Morgen! Willkommen in der GECCK.

Besucher: Häh?

Begrüßungsdienst: *(noch breiter lächelnd)* Das steht für Gruntsville Evangelical Church of Christ the Kind. Wir freuen uns, dass Sie hier sind, und es wird uns leidtun, wenn Sie uns wieder verlassen …

Besucher: Schön, danke. Wo soll ich mich hinsetzen?

Begrüßungsdienst: *(lächelt wie der große Fisch in* Der weiße Hai) Nun, hier bei uns in der GECCK richten wir uns ganz nach *Ihren* Wünschen, mein Herr. Möchten Sie heute Morgen im Klatscher- oder im Nichtklatscherbereich sitzen?

Besucher: Hmm. Keine Ahnung. Gibt es noch andere Möglichkeiten?

Begrüßungsdienst: *(mit unmerklich verblassendem Lächeln, das sich aber rasch wieder fängt)* Ich bin mir nicht sicher … es könnte sein, dass noch ein paar Plätze im Nicht-der-Predigt-Zuhörer-Bereich …

Besucher: Das hört sich doch gut an. Schauen Sie, Sie haben nicht zufällig noch einen Platz im Nichtklatscher-, Nicht-der-Predigt-Zuhörer-, Nicht-in-irgendeiner-Weise-am-Gottesdienst-(insbesondere-an-der-Kollekte)-Teilnehmer-Bereich frei?

Begrüßungsdienst: *(mit zutiefst bedrückter Miene, wie man sie sonst nur auf Beerdigungen junger Mitglieder der Königsfamilie zu sehen bekommt)* Oh, das tut mir wirklich sehr leid. Dieser Bereich ist schon seit Wochen vollkommen ausgebucht …

Wir sind alle Konsumenten, und wenn Konsumenten eines wirklich gut können, dann ist es stöhnen. Und wenn wir uns beklagen, dann erhoffen wir uns als Ergebnis, dass uns recht gegeben wird. Das kann so ein herrliches Gefühl sein …

Ich stöhne. Ich muss das bekennen, denn deine Bemerkungen zum Thema »Beklagen« kamen genau zum rechten Zeitpunkt (sofern ein Stich in den Hintern mit einer spitzen Stricknadel je zur rechten Zeit kommen kann). Ich bin gerade wieder einmal von einem Transatlantikflug zurückgekommen, nur um festzustellen, dass ich ein Problem mit meinem Kreditkartenunternehmen habe. Wir bezahlen unsere Rechnungen immer pünktlich am Ende des Monats, weil es uns ärgert, die absurden Zinssätze erpresserischer Banken zu bezahlen, neben denen sich die Geldwechsler im Tempel ausgenommen hätten wie ein Haufen Sonntagsschullehrer. (Siehst du? Ich fange schon wieder an …)

Tut mir leid. Also, ich habe bei dem Unternehmen angerufen, auf Einladung der computerisierten Frauenstimme, die mir sagte, mein Anruf sei ihr sehr wichtig (so wichtig, dass sie ihn von einer Maschine entgegennehmen lassen), siebenundvierzig Menüauswahlen getätigt, mir ein paar Minuten Beethoven angehört, geklimpert von einem Betrunkenen auf einem elektronischen Glockenspiel, und wurde schließlich von jemandem begrüßt, der mir ein paar Sicherheitsrückfragen stellen wollte. Eine davon war die nach meiner Postleitzahl. Normale Menschen kennen ihre Postleitzahl, aber wenn ich Jetlag habe, kenne ich kaum meinen Namen. Also fragte ich Kay nach unserer Postleitzahl (woher in aller Welt soll ich auch wissen, wo ich wohne, wenn ich müde bin?). Jedenfalls hörte der Knilch im Callcenter, wie ich Kay nach unserer Adresse fragte, worauf sich der folgende Wortwechsel entspann.

Knilch im Callcenter: Entschuldigen Sie, Sir, ich habe das gerade mit angehört …

Ich: Sie haben was mit angehört?

K: Wie Sie mit Ihrer Frau gesprochen haben …

Ich: Ja, weiß ich, das ist nicht verboten. Wir teilen sogar ein Bett miteinander.

K: Völlig richtig, aber Sie dürfen keine Auskunft einholen, wenn es um die Sicherheitsrückfragen geht …

Ich: Was soll das heißen? Mir hat nie einer was davon gesagt, dass ich keine Auskunft einholen darf. Wo steht das in den Regeln? Ich kann einen Freund anrufen, wenn ich will. Das Einzige, was zählt, ist, dass ich die Sicherheitsrückfrage richtig beantworte und …

K: Aber Sie dürfen nicht Ihre Frau danach fragen.

Ich: Ich frage aber meine Frau doch nur, weil sie die Antwort kennt. Wäre sie nicht meine Frau, so würde sie auch die Antwort nicht wissen. Was spielt es also für eine Rolle, wen ich frage?

K: Es ist nicht gestattet.

Ich: Okay, tut mir wirklich leid. Ich werde nie wieder mit ihr reden. Können wir jetzt mein Problem besprechen, bitte?

K: Wie ist der Name Ihres Haustiers?

Ich: Häh?

K: Wie ist der Name Ihres Haustiers?

Ich: Was geht Sie das an?

K: Das ist eine weitere Sicherheitsrückfrage.

Ich: Oh. Es heißt Arnie. Ich muss Ihnen allerdings leider mitteilen, dass Arnie tot ist. Er hat letztes Jahr nach einer kurzen, aber schmerzhaften Krankheit sein Leben ausgehaucht. Bedeutet die Tatsache, dass er ein verblichener Hund ist, dass er genau genommen nicht mehr unser Haustier ist? Dass Arnie nicht der Name eines *lebenden* Haustiers in unserem Besitz ist, sodass ich genau genommen auf Ihre Frage mit einer Lüge antworte? Vielleicht sollte die Frage in Zukunft so gestellt werden: »Wie *war* der Name Ihres Haustiers?« Oder: »Wie ist der Name ihres Haustiers, und wie ist sein Gesundheitszustand?«

K: Ich darf die Frage nur im Präsens stellen, Sir …

Ich: *(den dringenden Wunsch verspürend, mit hoher Lautstärke ein sehr schlimmes Wort zu schreien)* Oh.

K: Wie lautet der Geburtsname Ihrer Mutter?

Ich: Häh?

K: Das ist die zweite Sicherheitsrückfrage …

Ich: Darf ich meine Mutter danach fragen?

K: Tut mir leid, Sir, das ist nicht gestattet …

Nach diesem Telefonat kochte und schäumte ich eine gute Stunde lang. Doch dann wurde mir klar: Falls Gott mir gerade etwas sagen und mir einen dieser »Momente« schenken wollte, hatte er vermutlich seine liebe Mühe, überhaupt zu Wort zu kommen. Also, ich versuche mich zu bessern, mich weniger zu beklagen und öfter dankbar zu sein.

Ich möchte gerne beachten, was die Bibel über Danksagung sagt – über Anbetung, die in der Dankbarkeit wurzelt. Wenn wir erst dann glücklich sein können, wenn das Leben nach unseren Wünschen maßgeschneidert ist, werden wir das Lächeln auf unbestimmte Zeit verschieben und unsere besten Tage ruinieren.

Ehrlich gesagt, wenn wir uns die echte Not in dieser Welt anschauen, haben wir im Vergleich dazu eigentlich kaum Probleme. Das sollte uns nicht zur Selbstzufriedenheit oder

Selbstsucht verleiten, sondern eher zu der Erkenntnis, dass Phil Collins recht hat: Relativ gesehen ist dies immer noch ein weiterer Tag im Paradies.

Also, wie geht es mir? Alles in allem dürfte Folgendes wohl feststehen:

Ich kann mich nicht beklagen.

Viele liebe Grüße,

Jeff

ELF

Lieber Jeff,
herzliche Grüße von einem Aufmunterungoholiker an den anderen! Wenn wir so weitermachen, bekommen wir am Ende ein ganzes Glossar neuer Ausdrücke zusammen, was? Aber es stimmt. Ein freundliches oder bestätigendes Wort tut mir unendlich gut. Neulich während einer Tour, die Bridget und ich für die Sailors' Society machten, fragte mich eine Frau, ob ich nicht allmählich die Nase voll davon hätte, in der Pause oder am Ende des Abends den Leuten Bücher zu signieren. Ich konnte ihr aus vollster Überzeugung antworten, dass ich gerade dieser Aufgabe nie und nimmer überdrüssig werde. Wie ein Kind, das ein ganzes Fass voller Süßigkeiten gefunden hat, kann ich mein Glück überhaupt nicht fassen. Sachen, die ich mir vor einem Jahr aus dem Kopf gezogen und in einen Computer eingetippt habe, werden jetzt tatsächlich in Buchform gekauft, von Leuten, die sie tatsächlich lesen wollen. Es ist wie ein Wunder. Ich finde es herrlich. Auch wenn ich manchmal ein elender Jammerlappen bin, ist mir durchaus klar, dass ich einer der größten Glückspilze der Welt bin. Ich liebe das Schreiben und die Vortragsabende, und ich liebe es besonders, dass ich seit 1984 nicht mehr in irgendeinem konventionellen Sinne arbeiten gehen musste. Ich arbeite zwar sehr hart (wie Du weißt, sind Freiberufler eine merkwürdige, getriebene Gattung Mensch), aber die Belohnung dafür kann ausgesprochen angenehm sein. Gnädig und einfallsreich, wie er ist, hat

Gott manches von meiner Schlacke mit seinen Midashänden berührt.

Übrigens, bekommst Du eigentlich bezüglich des Schreibens auch solche Fragen gestellt wie ich, Jeff? Ich wüsste zu gern, wie Du darauf antwortest. Ein paar Beispiele:

Wenn ich für den Rest meines Lebens zwischen Schreiben und Vorträgen wählen müsste, wie würde ich mich entscheiden?
Gar keine Frage im Grunde. Ich finde es wunderbar, die Leute bei den Vortragsabenden lachen und nachdenken und sich entspannen zu sehen, und all das hätte ich um nichts auf der Welt missen mögen. Aber Schreiben ist doch noch etwas ganz anderes. Es ist nicht etwas, was ich tue; es ist, was ich bin. Schreiben wird zu einer Seelengewohnheit, zu einer Art und Weise, sich mit dem Leben auseinanderzusetzen, einem Gegenmittel gegen die bösartigsten emotionalen Gifte, die uns begegnen können. Ich schätze, das hört sich vielleicht ein bisschen übertrieben an, aber der verbale Ausdruck hilft wirklich, die Dämonen fassbar zu machen, die das Alltagsleben manchmal so ungeheuer schwer machen können. Natürlich kann es auch noch viel positiver sein als das. Es gibt Zeiten – nicht sehr oft, aber oft genug, um verlockend zu bleiben –, in denen die ganze Sache fliegt wie der beste Lenkdrachen, mit einer Schönheit und Spannung, die in dem prickelnden Gefühl des schieren *Seins* verschmelzen.

Versteh mich nicht falsch. Ich kenne nur zu gut die gierige Suche nach jedem noch so blödsinnigen Vorwand, mit dem man sich davor drücken kann, mit dem allerersten Satz des Tages anzufangen. Ja, ich entwickle auf diesem Gebiet sogar noch erheblich mehr Kreativität und Sachkenntnis als beim Schreiben selbst. Dennoch, die Antwort auf die ursprüngliche Frage steht völlig außer Zweifel. Ich bin ein Schriftsteller, der Vorträge hält, und wenn Gott mir eines dieser Dinge nehmen möchte, dann hoffe und bete ich (obwohl ich aus Erfahrung weiß, dass man Gott nicht über den Weg trauen kann), dass es die Vorträge sein werden.

Noch eine altbekannte Frage. Inspiriert Gott mich beim Schreiben? Nun, ich will Dir etwas sagen, Jeff. Ich bin im Laufe der Jahre bei so manchen Veranstaltungen mit christlichen Schriftstellern dabei gewesen, und dabei ist mir ein bestimmtes Muster aufgefallen. Diejenigen, die eine sehr begrenzte Anzahl von Büchern verkaufen, sind sich ziemlich sicher, dass Gott sie als eine Art Diktiergerät benutzt, während Leute, die vom Schreiben leben und relativ große Auflagen verkaufen, davon ganz und gar nicht überzeugt sind. Ganz im Ernst, Schreiben ist ein Handwerk wie jedes andere. Wir lernen mühevoll, wie man es macht, und mit jedem neuen Projekt versuchen wir, unsere Fähigkeiten zu verbessern und zu polieren. Wenn es Gott gelingt, die Ergebnisse unserer Bemühungen zum Wohl seines Reichs zu verwenden, dann ist das sicher etwas, worüber wir uns freuen können, aber ich habe noch nie (mit einer kleinen Ausnahme, von der ich Dir gleich erzählen werde) geglaubt, Gott hätte mir gesagt, worüber ich schreiben sollte, oder sonst irgendwie den Inhalt meiner Bücher beeinflusst.

Es könnte natürlich sein, dass das aus Ahnungslosigkeit geredeter Unsinn ist. Ich habe bereits meine empirisch fundierte Ansicht geäußert, dass man Gott nicht über den Weg trauen kann. Ich bitte ihn ständig, im Mittelpunkt von allem zu stehen, was ich tue. Sein Einfluss könnte also durchaus größer sein, als mir klar ist. Wenn es so ist, merke ich aber nichts davon, und weißt Du, darüber bin ich eigentlich sehr froh. Ich musste mir schon einmal von Bischof Tom Wright (einem meiner theologischen Helden) meine Grammatik und meinen Satzbau korrigieren lassen, als wir nebeneinandersaßen und zusammen eine Radiosendung bestritten. Das war schon schlimm genug, auch ohne dass der allmächtige Gott sich mit seinen noch etwas allwissenderen Ansichten über den korrekten Gebrauch des Semikolons zu Wort meldete.

Die Ausnahme? Ach ja. Nun, damit meine ich die Eröffnung einer Erzählung namens *Der Besuch*, einer der ersten Texte, die ich je geschrieben habe. Sie handelt von der Ankunft des »Gründers« (der natürlich Jesus sein soll) in einer ganz gewöhnlichen Highstreet-Kirchengemeinde Mitte der 1980er Jahre. War das wirklich eine Ausnahme? Ich weiß es nicht. Ich weiß nur, dass Bridget und ich nie vergessen werden, auf welch dramatische Weise dieser kurze Text zustande kam.

Wir waren eines Abends zu Hause und taten nichts Besonderes, als mir plötzlich die ersten Worte einer Geschichte in den Sinn kamen. Ich geriet ein wenig in Panik und bat Bridget, schnell ein Blatt Papier und einen Stift zu suchen, damit ich ihr diktieren konnte. Es war äußerst seltsam. Die Geschichte entfaltete sich ohne die geringste Pause. Die Worte purzelten nur so aus mir heraus. Ich weinte, während ich diktierte. Bridget weinte, während sie schrieb. Es war, als würden wir von einer Welle purer Leidenschaft dahingetragen und uns bliebe nichts anderes übrig, als sie da landen zu lassen, wo sie wollte.

Die Geschichte durchströmte mich wie eine Flut, und seit dem Moment an jenem Abend, als Bridget den Stift niederlegte, wurde kaum ein Wort daran geändert. Trotz der Mängel im Stil und im Aufbau verkörpert sie eine rohe Kraft und Leidenschaft, die ich auch nach zwanzig Jahren schriftstellerischer Tätigkeit nicht beliebig zu wiederholen imstande bin.

Interessanterweise, Jeff, gab es noch einen anderen Abschnitt in *Der Besuch*, dessen Niederschrift etwas Merkwürdiges an sich hatte. Ich erholte mich damals gerade von einer Stresserkrankung. Wahrscheinlich war die Geschichte, die ich erzählte, eine nebelhafte Widerspiegelung meiner eigenen jüngsten Erlebnisse. Ich glaube – nein, ich bin sicher –, dass ich versuchte, Jesus wieder in mein Leben hineinzuschreiben, und das schien auch zu funktionieren. Doch dann traf ich auf ein Hindernis. Ich hatte den fünften Abschnitt zur Hälfte geschrieben, sah mich dann aber außerstande, ihn zu Ende zu bringen. In diesem Teil des Buches hat der Held der Geschichte aus Entsetzen über sein eigenes Verhalten beschlossen, davonzulaufen. Schlaflos kauert er die ganze Nacht über elend neben einem Koffer in der Diele seines Hauses und wartet auf die Morgendämmerung.

Plötzlich, ganz unerwartet, taucht der Gründer auf. Er steht vor der Haustür und ruft laut, um eingelassen zu werden. Der unglückliche Held, der es nicht über sich bringt, sich dieser Begegnung zu stellen, dreht sich um und sieht eine dunkle Gestalt neben der offenen Küchentür stehen, so als böte sie ihm einen Fluchtweg an. Er muss sich entscheiden.

So weit war ich gekommen. Die Atmosphäre in unserem Haus war an jenem Abend düster und schwer, wie die drückende Ruhe vor einem Sturm. Bridget flehte mich an, die Geschichte zu Ende zu bringen, damit das Licht wieder in unser Leben zurückkehren könnte. Widerstrebend tat ich es. Der Held der Geschichte traf seine Wahl, die richtige, wie ich sicher glaube, und die Düsternis verschwand, als hätte jemand einen Zauberstab geschwungen.

Ich kann dieses bizarre Erlebnis nicht erklären. Es ist einfach passiert. Ich vermute, dass auf einer Ebene, die meinem Verstand nicht zugänglich ist, eine wichtige Entscheidung getroffen werden musste und dass ich daran Anteil hatte.

Alles andere weiß nur Gott. Übrigens interessiert es Dich vielleicht, zu erfahren, dass mein Held am Ende seinen Frieden mit Jesus machte.

Eine weitere oft wiederholte Frage: Welches deiner eigenen Bücher oder welchen deiner Texte magst du am liebsten?
Eine Antwort darauf stimmt immer. Das Buch, an dem ich gerade arbeite, ist immer das Wichtigste und Packendste, was ich je geschrieben habe. Ich glaube, bei mir muss es so sein. Bis zum nächsten Mal. Doch wenn sich der Staub zwischen den Büchern gelegt hat, glaube ich, dürfte die Antwort auf diese Frage manche Leute überraschen.

Es gibt gewisse Gedichte, die ich geschrieben habe, die kurze, verbale Schnappschüsse von ganz bestimmten Momenten in meinem Leben sind. Warum diese kurzen Begebenheiten für mich mit so immenser Bedeutung aufgeladen sind, ist nicht leicht zu verstehen, nicht einmal für mich selbst. Ich kann nur sagen, dass es mir eine ungemeine Befriedigung verschafft, einen Zeitpunkt und ein Gefühl auf diese Weise einzufrieren, auch wenn die Texte, die dabei herauskommen, anderen möglicherweise nicht übermäßig viel sagen. Hier ist ein Beispiel, das ich letztes Jahr schrieb, als Bridget und ich einen kurzen Urlaub in Nordengland machten. Der Titel ist fast so lang wie das Gedicht selbst.

Ein kleines Mädchen hebt auf dem Pfad hinunter zum High-Force-Wasserfall in Cumbria ein Stöckchen auf

Zuerst dachte sie, das wäre vielleicht etwas Leckeres zu essen
Aber sie fand es ein bisschen scharfkantig, als sie ihre Lippen damit berührte,
Vielleicht ein Bleistift, halten wie einen Bleistift

Nein, keine Spitze
Keine Spitze
Kann man damit zum Himmel emporwinken?
Ja!
Herabgefallen von einem Baum
Ein Ding, mit dem man zum Himmel emporwinken kann
Ein Blick auf eine innere Uhr
Rasch! Zeit zu hüpfen
Das Stöckchen für immer fallen zu lassen
Weiter zum Wasserfall, was immer das sein mag
Auf dem Pfad liegt das Stöckchen still und stöckchengleich
Vollkommen erfüllt.

Das zweite Beispiel ist ein Text, von dem ich dachte, ich würde ihn niemals vortragen oder vorlesen, denn obwohl er mir sehr am Herzen liegt, handelt er eigentlich von gar nichts. Er war mir ein bisschen peinlich, glaube ich. Als ich ihn dann doch auf irgendeiner Konferenz einmal rezitierte, war ich völlig verblüfft über die hingerissene Aufmerksamkeit, mit der die Leute zuhörten. Als ich hinterher darüber nachdachte, kam ich zu dem Schluss, dass nicht das Gedicht selbst die Leute so stark angesprochen hatte, sondern die Erinnerung an die seltsame, gewaltige innere Intensität des *Gewöhnlichen*. Merkwürdig, nicht wahr?

Jemand, den ich kannte
Ich saß allein in einem Café
Jemand, den ich kannte, ging am Fenster vorbei
Jemand, den ich kannte!
Da!
Ging einfach am Fenster vorbei

Jemand, den ich kannte und der mich kannte
Ging an der Glasscheibe vorbei!
Also – was jetzt tun
Ich machte mir Gedanken, wenn ich meinen Platz verließe, würde der Kellner es missverstehen
Er würde vielleicht meinen Kaffee und mein Knoblauchbrot abräumen
Er würde vielleicht denken, ich wäre gegangen
Ich ging trotzdem
Versuchte, ein Zeichen zu geben, ich würde wiederkommen
Ich bezweifle, dass er es verstand oder auch nur bemerkte
Ich eilte hinaus und holte die Person ein, die ich kannte
Ich sagte Hallo, und er auch, dann ging er weiter
Es war nur jemand, den ich kannte.

Eine letzte Frage: Wenn Gott dir nicht sagt, was du schreiben sollst, woher nimmst du dann deine Ideen?
Ganz einfach! Überall her. Von jedem. Jederzeit und allerorten. In Freude, Trauer, Krankheit, Gefahr, Heiterkeit gibt es einfach keinen Ort, keine Zeit und keinen Zustand, der nicht in der Lage wäre, irgendeine Idee zu inspirieren, die man in der Zukunft verwenden kann. In einem meiner frühen Bücher habe ich davon erzählt, wie einmal drei meiner Kinder und ich auf einem rasch strömenden Fluss aus einem Boot fielen und ich dann unter dem kieloben schwimmenden Boot festsaß und keine Ahnung hatte, wie ich überleben sollte oder was aus meinen beiden Söhnen und meiner Tochter wurde. Ich muss gestehen, dass neben all der normalen Panik, Furcht und Verwirrung eine leise Stimme in meinem Hinterkopf dazu in aller Ruhe anmerkte: »Daraus

kannst du einen sehr interessanten Artikel machen, falls du hier lebend herauskommst.«

Völlig verrückt, oder?

Heutzutage habe ich auf meinem Computer eine Datei namens »IDEEN«. Jede Idee, gut, schlecht, unausgegoren, wichtig oder obskur wird von Briefumschlagrückseiten dorthin übertragen und abgelegt, falls ich sie in Zukunft einmal brauchen sollte. Diese Dinge sind zu wertvoll, um verloren zu gehen, besonders, wenn man ein so schauderhaftes Gedächtnis hat wie ich. Ich *liebe* meine IDEEN-Datei.

Ich würde sehr gern hören, wie Du Deine schriftstellerische Laufbahn siehst, Jeff. Du warst erst Vortragsredner und bist dann zu einem Vortragsredner geworden, der auch schreibt, nicht wahr? Mein Weg führte in die entgegengesetzte Richtung, aber wir scheinen uns in der Mitte getroffen zu haben.

Liebe Grüße,

Adrian

ZWÖLF

Lieber Adrian,
freut mich sehr zu hören, wie viel Spaß Dir das Büchersignieren macht. Ich mache es auch gern, aber ich kämpfe immer mit dem nagenden Gefühl, dass ich es bloß genieße, ein etwas größerer Goldfisch in dem winzigen Fischglas der Prominenz in der christlichen Welt zu sein. Doch um die Wahrheit zu sagen, ich glaube nicht, dass das der eigentliche Grund ist, warum ich gerne mit dem Stift in der Hand an so einem Tisch sitze. Schließlich haben sie ja auch etwas Mühsames an sich. Signierstunden können ein Albtraum sein, besonders zu Beginn einer schriftstellerischen Laufbahn. Man geht hinter einem Tisch im strategischen Epizentrum einer Buchhandlung in Stellung und sitzt dann da im Schatten eines wahren Wolkenkratzers aus Büchern – von einem selbst geschriebenen Büchern, deren hoch aufragender papierner Stapel ein ernüchterndes Zeugnis davon ablegt, dass sie bisher noch nicht verkauft sind.

Da wartet man dann voller Hoffnung und betet, ein freundlicher Kunde möge sich erbarmen und a) den Stapel, in dessen Schatten man sitzt, ein wenig verkleinern und b) einen darum bitten, das Buch, das er gekauft hat, zu signieren. Das macht keinen Spaß, besonders, wenn der Kunde den erwähnten Wälzer zur Hand nimmt, zehn Minuten lang darin blättert, dann verächtlich schnieft, ihn wieder auf den unvermindert hohen Stapel knallt und davongeht.

Doch ich liebe Signierstunden wegen der unglaublichen

Leute, denen ich dabei begegne. Ich habe gemerkt, dass manchmal anonyme Superhelden da in der Schlange stehen, um ein paar Tropfen Tinte zu ergattern. Versuchst Du, jedem etwas anderes hineinzuschreiben, Adrian? Es kann ein sehr seltsames – und stressiges – Gefühl sein, wenn jemand bei einer Signierstunde sagt: »Schreiben Sie mir ein Wort von Gott hinein.« So als wäre ich ein Schokoriegelautomat, der nur darauf wartet, auf Kommando eine lebensverändernde Botschaft in Stanniolpapier auszuwerfen. Das würde nicht nur bedeuten, dass der Gott des Universums in Habachtstellung neben mir steht, um mir einen schlagfertigen, prophetisch treffenden Kommentar für die nächste Person in der Schlange einzufiltrieren, sondern ich frage mich auch immer, ob das nicht so etwas wie die charismatische Variante eines Besuchs beim Astrologen ist.

Außerdem bin meistens ich derjenige, der bei Signierstunden eine Menge über Gott erfährt, denn dabei kann man den bemerkenswertesten Leuten begegnen. Wenn ich an manche Signierstunden zurückdenke, die ich erlebt habe, Adrian, werde ich wieder neu dankbar für das Geschenk des Lachens. Ich liebe die totale Hingabe, die ein schallendes Lachen verlangt. Ein richtiges Lachen aus voller Kehle ist wie ein physischer und emotionaler Überfall. Die Schultern beben, die Augen schließen sich, man vergießt vielleicht ein paar Tränen, und manche Leute (besonders Damen in einem gewissen Alter) machen sich sogar buchstäblich ein bisschen nass. Man kann nicht reden, während man lacht, und schon gar nicht kann man sich beklagen, schreien oder unfreundlich sein. Was wir jedoch beim Lachen durchaus tun können, ist, etwas zu lernen. Wenn wir über eine Pointe lachen, dann deshalb, weil eine Verbindung hergestellt wurde. Eine Idee wurde geäußert, und wir haben sie kapiert. Nicht dass ich das Lachen damit rechtfertigen wollte, dass es »hilfreich«

sei. Da könnte ich genauso gut sagen, ein herrlicher Regenbogen wäre »nützlich«, weil er gut für die Ozonschicht wäre (ist er nicht; das habe ich mir nur ausgedacht). Der Regenbogen ist schön, weil er es einfach ist, und mit dem Lachen ist es genauso.

Ich denke immer noch über Deine Frage nach, ob ich lieber Vorträge halte oder liebe schreibe, und ich glaube, ich würde sagen, ich halte lieber Vorträge, weil sie etwas so Unmittelbares haben. Ich bin da, wenn die Person lächelt, eine Träne der Erleichterung vergießt oder ihre Freundin anstößt, um sich zu vergewissern, ob sie die Pointe kapiert hat. Alles ist ganz nah und persönlich. Ich schreibe sehr gern, aber dabei kriege ich nicht mit, wie in den Augen eines Lesers ein Licht aufleuchtet, oder auch, wie er das Buch quer durchs Zimmer schmeißt, weil ich an seinen frommen Empfindlichkeiten gekratzt habe. (Vielleicht ist das auch besser so. Einmal kam eine sehr attraktive Frau auf mich zu und sagte, sie möge meine Bücher sehr und nähme mich immer mit auf die Toilette.) Das Schreiben ist ein einsames Geschäft. Wenn ich also eine Wahl treffen müsste, würde ich mich wahrscheinlich für die Vorträge entscheiden.

Was die Frage angeht, ob Gott mich beim Schreiben inspiriert – egal, wie ich diese Frage beantworten würde, es wäre immer falsch. Sage ich »Nein«, was hat es denn dann für einen Sinn, dass ich auf meinem Laptop herumhacke, wenn ich nicht glaube, dass er durch mich redet? Sage ich aber »Ja«, so laufe ich Gefahr, etwas für mich in Anspruch zu nehmen, was sich großspurig und anmaßend anhört. Es gibt ja auch so schon zu viele christliche Schriftsteller, die meinen, jeder Satz, der ihnen aus der Feder fließt, stamme direkt aus dem Himmel. Also gehe ich vielleicht lieber auf Nummer sicher und sage: »Ich hoffe es.«

Mein bestes Buch? Ich finde, ein Buch namens *Creating a*

Prodigal-friendly Church.[4] Da habe ich mir wirklich sehr viel Mühe damit gemacht, am Text zu feilen und die Hintergründe zu recherchieren. Ich glaube, das ist das Beste, was ich geschrieben habe. Leider haben es nur etwa fünfunddreißig Leute gelesen, die Mitglieder meiner Familie eingeschlossen.

Und meine Ideen? Ich bin fasziniert von Menschen. Ich beobachte. Ich höre zu. Ich beschäftige mich mit meiner eigenen Veranlagung. Und jetzt meine Frage an Dich. Als Prediger, der zum Schriftsteller geworden ist, würde ich Dich gerne fragen: Wie denkst Du über Leute, die sagen, die Zeit des Predigens sei vorbei? Und was für Arten von Predigten waren für Dich eine Hilfe? Ich nehme mal an, dass es zumindest einige gab, die hilfreich waren …

Herzliche Grüße, lieber Adrian,

Jeff

DREIZEHN

Lieber Jeff,
danke für Deinen letzten Brief, und besonders für Deine Frage am Schluss übers Predigen. Sie hat alle möglichen Erinnerungen und Gedanken bei mir ausgelöst. Doch bevor ich auf das eine oder andere davon zu sprechen komme, lass mich noch eine letzte Anekdote zum Thema Büchersignieren beisteuern.

Vor drei oder vier Jahren bin ich zum ersten Mal nach Ungarn gereist. Ich war ein wenig nervös. Durch eine Dolmetscherin, der man noch nie zuvor begegnet ist, zu einem Publikum zu sprechen, das möglicherweise binnen anderthalb Minuten zu dem Schluss kommt, dass man entweder verrückt, theologisch auf dem Holzweg oder einfach nur langweilig ist, ist eine ziemliche Herausforderung. Zum Glück war meine Dolmetscherin sehr liebenswürdig und kompetent, und die vorwiegend jungen Männer und Frauen, die zu den Abenden kamen, hatten alle vor Vorfreude leuchtende Augen. Die meisten von ihnen hatten das *Tagebuch eines frommen Chaoten* bereits gelesen (auf Ungarisch!?) und schienen begierig, ihre Blicke an dem britischen Spinner zu weiden, der es geschrieben hatte.

Als die erste Veranstaltung zu Ende ging, nahm ich an, ich würde den Abend damit beschließen, ein paar Exemplare eines gerade erst übersetzten Buches zu signieren. Aber da irrte ich mich. Zu meiner Überraschung und Verblüffung signierte ich bei dieser Veranstaltung tatsächlich mehr Bücher als zu irgendeinem anderen Zeitpunkt vorher oder hinterher in irgendeinem anderen Teil der Welt, einschließlich des Vereinigten Königreichs. Es nahm und nahm kein Ende. Eine schier unüberschaubare Schlange von Menschen schob sich langsam an dem kleinen Tisch vorbei, an dem ich mit meiner geduldigen Dolmetscherin saß. Es war alles sehr befriedigend und schmeichelhaft, nur dass ich die Eigenheit habe, dummes Zeug von mir zu geben, wenn ich müde werde.

Um ein wenig abzuschweifen: Ich erinnere mich zum Beispiel, wie ich mich einmal bei einer Veranstaltung in Newcastle komplett zum Deppen machte. Ich saß vor dem Beginn des Abends im Eingangsfoyer des Gemeindehauses und signierte Bücher, als eine Dame mich folgendermaßen ansprach:

»Würden Sie dies bitte für meine Freundin Eileen signieren? Nur sie – wissen Sie – sie sitzt bereits.«

Nach einer Woche Reisen und Blöken war ich so müde, dass ich kaum noch die Energie oder Intelligenz aufbrachte, um diesen Satz richtig zu verarbeiten. So stellte ich mir besagte Eileen vor, wie sie jämmerlich in einer Zelle im Frauengefängnis Holloway hockte und hoffnungsvoll darauf harrte, dass die Düsternis ihrer unglücklichen Lage durch den göttlichen Fackelschein meiner unsterblichen Worte erleuchtet werde. Die genauen unsterblichen Worte, die ich auf das Vorsatzblatt ihres Buches setzte, waren folgende:

»Mögen Sie frei sein – selbst an jenem Ort …«

Eileens Freundin nahm das Buch zurück und betrachtete mit gerunzelter Stirn einige Sekunden lang die Worte, die ich geschrieben hatte.

»Nein«, sagte sie dann und schaute mich kühl an. »Ich meinte, sie sitzt schon im Saal. Sie hält mir einen Platz frei.«

Die Sache war mir furchtbar peinlich. Später jedoch,

nachdem ich mich eine Weile in dem Saal aufgehalten hatte, kam mir der Gedanke, dass meine Inschrift vielleicht doch nicht so unpassend gewesen war …

Aber zurück nach Ungarn. Zwei Drittel der langen Schlange hatte meinen kleinen Tisch bereits passiert und war mit ihren signierten Büchern wieder gegangen. Es war eine wahre Freude, ihre Begeisterung zu beobachten, aber allmählich machten sich angesichts der Eintönigkeit meiner Aufgabe Erschöpfung und ein leichter Schwindel bei mir bemerkbar. Diese winzige, eingekapselte Welt, in der ich lächelnd und ohne Unterlass ein ums andere Mal meinen Namen schrieb, hatte etwas seltsam Unwirkliches an sich. Also beschloss ich, das Ablaufmuster zu durchbrechen.

»Und wie ist Ihr Name?«, fragte ich heiter die nächste junge Dame, die mir ihr Buch reichte, damit ich etwas hineinschrieb.

Sie nannte mir ihren Namen, aber für mein ungeschultes englisches Ohr hörte er sich an wie eine wahllose Ansammlung von Silben.

»Ah«, erwiderte ich mit gespieltem Interesse, aber dem aufrichtigen Wunsch, freundlich zu sein, »und was bedeutet Ihr Name?«

Meine Dolmetscherin gab die Frage auf Ungarisch weiter und erhielt eine Antwort.

»Sie sagt uns, ihr Name sei zugleich der Name einer bestimmten Blume, die sich nachts öffnet und schließt.«

»Oh, wie schön«, schwafelte ich gedankenlos weiter. »Und sind Sie so wie diese Blume? Öffnen und schließen Sie sich auch in der Nacht?«

Meine Dolmetscherin, die einen langen Tag hinter sich hatte und müde war, fing im Reflex an zu übersetzen, doch gegen Ende des Satzes merkte ich, wie ihre Stimme langsamer wurde und ins Stocken geriet. Eine dumpfe Stille senkte sich auf uns drei herab. In Gedanken ging ich noch einmal die Frage durch, die ich gerade gestellt hatte, und wünschte mir zu sterben. Meine Übersetzerin starrte traurig in die Ferne und betete vermutlich, mein Wunsch möge in Erfüllung gehen. Und das Mädchen mit dem Namen einer Blume, die sich nachts öffnet und schließt, bewegte lautlos die Lippen.

Was soll man noch sagen, wenn man vor einer großen Versammlung munterer junger Christen versehentlich eine irgendwie unanständige, anzügliche Frage stellt, die nicht einmal einen richtigen Sinn ergibt? Nun, es gibt ja immer die Möglichkeit, wild weiterzuschwafeln, in dem Bemühen, die Sache wieder geradezubiegen. Ein solches Vorgehen ist freilich nicht unbedingt ratsam, wenn alles ins Ungarische und wieder zurück übersetzt werden muss. Oder man setzt einfach ein abgeklärtes Was-ich-gerade-gesagt-habe-hat-sich-für-dich-vielleicht-anstößig-angehört-aber-mir-fällt-so-etwas-nie-auf-Lächeln auf und geht flugs zur Tagesordnung über. So machte ich es. Ich ging zur Tagesordnung über. Flugs.

Okay, Jeff, Du hast nach Predigten gefragt. Ich will Dir von den schlechtesten und den besten erzählen, die ich je gehört habe. Ersteres ist ganz einfach. Die schlechteste Predigt, die ich je gehört habe, war von mir, als ich in der altehrwürdigen Kapelle eines hochberühmten Colleges einer hochberühmten Universität irgendwo in Großbritannien predigte. Es war noch ziemlich zu Anfang meiner Vortragstätigkeit, und ich war schlicht überwältigt, ja ich fühlte mich persönlich bedroht von der Großartigkeit und formellen Steife der Umgebung, in der ich mich befand. Es war erbärmlich. Ich war erbärmlich. Statt ich selbst zu sein und so frei von der Leber weg zu reden, wie es sich die Leute dort von mir erhofft hatten, verwandelte ich mich in einen pedantischen Langweiler. Mein klappriges Ego war einfach zu eingeschüchtert und erdrückt vom Gewicht der Geschichte und Gelehrsamkeit, die mich umgaben.

Seit jenem Tag habe ich zwei goldene Regeln über das Reden vor Publikum gelernt. Die erste lautet: Man soll sich niemals anpassen. Und die zweite: Man soll sich immer anpassen. Man soll sich niemals anpassen in dem Sinne, dass man versucht, jemand anderes zu sein. Die Leute haben ja nicht jemand anderes eingeladen. Sie haben mich eingeladen. Unter dieser Maßgabe bin ich allerdings immer bereit, mich an Besonderheiten und Nuancen anzupassen, die sich aus den Leuten, denen ich begegne, und den Situationen, in denen ich mich befinde, ergeben.

Einmal sprach ich in einem Gottesdienst in einer Jugendstrafanstalt in den Midlands. Es herrschten viel Unruhe und schlechtes Benehmen, als der Zeitpunkt für meine Ansprache näher rückte. Für etliche dieser jungen Männer war der Gottesdienst nicht mehr als eine Gelegenheit, mal für eine Stunde oder so aus ihrer Zelle herauszukommen. Das, worum es in der Versammlung ging, interessierte sie kaum. Einige waren schon entfernt worden, weil sie so sehr über die Stränge geschlagen hatten. Wie würde dieses Publikum reagieren, wenn ich aufstand, um zu sprechen? Die Aussicht behagte mir nicht sehr.

Als es dann schließlich so weit war und ich aufstand und nach vorne ging, wurde mir klar, dass ich selbst mitten in diesem Durcheinander und in dieser Ungewissheit an kaum etwas anderes denken konnte als an meine Tochter Kate, ein nagelneues, großartiges Geschenk, das ich von Gott bekommen hatte. Ich kannte sie erst seit zwei Wochen. Wie war es möglich, dass ich sie jetzt schon so schmerzlich vermisste? Ich erreichte das Rednerpult, drehte mich um und sah die Versammlung an. Sie erwiderten meinen Blick. Ihre schlaffe

Körpersprache und die spöttischen Mienen hinter ihren auf Halbmast gesenkten Augenlidern gaben mir unmissverständlich zu verstehen, dass ich mir die Mühe eigentlich sparen konnte.

Die ersten Sätze meiner geplanten Ansprache verschwanden spurlos aus dem Vordergrund meines Bewusstseins. Was konnte ich nur sagen, was auch nur die geringste Wirkung haben könnte?

»Ich vermisse meine Tochter unheimlich …«

Du hättest eine Feder fallen hören können, Jeff. Sie vermissten alle jemanden unheimlich. Im Geist sah jeder dieser auf Abwege geratenen Jungs ferne, unerreichbare Gesichter und Orte, die ihnen alles bedeuteten. Sie wussten genau, wovon ich redete. Und von da an war alles in Ordnung.

»Da hast du's«, flüsterte eine Stimme in meinem Kopf, als ich später an diesem Tag im Zug unterwegs nach Hause war. »So macht man das. Fang da an, wo du bist, nicht wo du meinst, dass du sein solltest.«

Die beste Predigt, die ich je gehört habe? Ich weiß nicht genau, was »die beste« in diesem Zusammenhang bedeutet, Jeff. Aber ich kann Dir von der Ansprache erzählen, die mehr unmittelbare Wirkung auf mich hatte als irgendeine andere. Wobei ich gestehen muss, dass ich nicht die leiseste Erinnerung daran habe, weder an den Bibeltext, über den gepredigt wurde, noch über auch nur ein einziges Detail aus dem Inhalt.

Es war in Tunbridge Wells, dem Ort, wo ich aufgewachsen bin und wo ich – in der Kirche St. John – mit sechzehn Jahren Christ wurde (auch wenn ich nicht mehr so genau weiß, was das bedeutet). Ungefähr ein Jahr nach meiner Bekehrung wurde bekannt gegeben, ein Redner von einer Organisation namens Fountain Trust werde nach Tunbridge Wells kommen, um auf einer öffentlichen Veranstaltung zu sprechen. Es hörte sich ziemlich aufregend an. Fountain Trust spielte eine große Rolle in einer wachsenden charismatischen Bewegung, die sich bereits durch eine beispiellose Vielzahl von kirchlichen Konfessionen ausgebreitet hatte. Der Redner, ein Mann namens Edgar Trout, stand in dem Ruf, ein großer Mann Gottes zu sein. Was würde bei dieser Veranstaltung passieren? Wir Jüngeren waren ganz versessen auf das Feuerwerk der charismatischen Bewegung, auch wenn wir so taten, als wäre uns das alles natürlich weniger wichtig als die ernsteren und würdevolleren Aspekte des Glaubens. Vielleicht würde ja dieser Edgar Trout im Laufe des Abends ein paar geistliche Chinakracher und Feuerräder und Raketen loslassen. Ich konnte es kaum erwarten!

Aber es gab kein Feuerwerk. Keinen einzigen Knallfrosch. Nicht einmal den bescheidensten, unansehnlichsten kleinen Kracher, der aus der Schachtel genommen und achtlos angezündet wird, nachdem die ganzen guten gebührend bewundert und genossen worden sind. Ja, zuerst sah alles in jeder Hinsicht äußerst enttäuschend aus. Als der Pfarrer aufstand, um die Veranstaltung zu eröffnen, starrte ich den etwas schäbig gekleideten, nicht sehr eindrucksvoll aussehenden Mann an, der da still auf seinem Stuhl saß und darauf wartete, vorgestellt zu werden. Ich fragte mich schon, ob ich wohl dabei war, einen Abend zu vergeuden. Dieser Mann hatte einfach nichts an sich, was in mir Zutrauen weckte. Er war irgendwie – nun ja, grau. Na ja, neunzig Minuten Langeweile, dann konnten wir immerhin noch auf eine halbe Stunde einen Abstecher in die Kneipe machen.

Der Pfarrer beendete seine Begrüßungsworte, und Edgar Trout stand auf.

Der Saal füllte sich mit Gott.

Kein Feuerwerk. Nichts derartig Flüchtiges und Oberflächliches. Nur Licht, Wärme, Präsenz, eine dynamische

Erinnerung oder Zusicherung, dass das schlagende Herz der letzten Wahrheit tatsächlich die materielle Welt zum Pulsieren bringen kann. Mir fehlen die Worte. Das Problem, wenn man so weit in die Vergangenheit zurückschaut, ist, dass Erinnerungen an Erinnerungen an die Stelle der tatsächlich erinnerten Ereignisse treten. Das Einzige, was ich Dir sicher sagen kann, Jeff, ist, dass meine Seele nun schon seit über vierzig Jahren von der Erinnerung an Edgar Trouts Besuch zehrt. Zählt das als Predigt? Keine Ahnung. Ist mir auch egal. Es spielt keine Rolle.

Zum Schluss möchte ich noch ein Wort über eine Frau namens Brenda sagen. Brenda ist mit Malcolm verheiratet, und beide sind im Rentenalter. Vor ein paar Wochen waren Bridget und ich mit der Saltmine Theatre Company unterwegs (tolle Leute; Du kennst sie gut, glaube ich). Brenda war an einem der Abende dafür zuständig, uns mit Essen zu versorgen und sich allgemein um uns zu kümmern. Das waren wunderbare Leute, diese beiden. Sie werden niemals christliche Bücher schreiben oder auf Bühnen stehen oder revolutionäre, komplizierte Ansichten über die kniffligeren Aspekte der christlichen Theologie äußern, aber sie haben es geschnallt, im besten und echtesten Sinne. Sie tun es. Sie machen Ernst. Wenn echte Demut, die Bereitschaft, ohne Lohn zu dienen, und eine unermüdliche, tägliche Hingabe an die Nachfolge Jesu das sind, worum es beim Christsein eigentlich geht, dann schlage ich vor, dass alle Schulungseinrichtungen und Bibelschulen und Predigerseminare und Schriftsteller und Denker und Theologen Busreisen zu dem Haus organisieren, in dem Brenda und Malcolm den Glauben ausleben, von dem wir alle so viel reden. Brenda und Malcolm wären zwar ein bisschen überrascht darüber, aber Jesus nicht. Er wohnt auch dort.

Ich sehe es schon vor mir. Brenda setzt den Wasserkessel

auf, Malcolm springt noch mal eben hinunter zum Laden, um Nachschub an Keksen zu besorgen, und Jesus schaut sich amüsiert an, wie all diesen eifrigen Wahrheitssuchern allmählich dämmert, dass die Letzten ganz wirklich und tatsächlich die Ersten sein *werden* – in seinen Augen jedenfalls. Willst Du eine gute Predigt? Geh Brenda besuchen.

Gott segne Dich, Jeff,

Adrian

VIERZEHN

Lieber Adrian,
ich musste lauthals lachen, als ich von dem herrlich ungeschickten Moment las, in dem Du Dich mit dem ungarischen »Blumenmädchen« unterhalten hast. Teils war Erleichterung der Grund meines Gelächters. Es macht mir Mut, zu wissen, dass es zumindest noch eine Person auf dem Planeten Erde gibt, die Jesus liebt und ebenso tapsig ist wie ich. Oder wenigstens fast. Und ich konnte ganz und gar mit Dir fühlen, als Du diese seltsame und doch wunderbare Dämmerzone einer Signierstunde beschrieben hast. Immer wenn ich bis auf die Knochen müde (und das ist ziemlich häufig) oder von vielen Menschen umgeben bin (kommt ebenfalls oft vor), besteht eine beträchtliche Wahrscheinlichkeit, dass ich mit beiden Quadratlatschen mitten in ein Fettnäpfchen hineinspringe. Manchmal ist es einfach so, dass man sich Mühe gibt, *irgendetwas* zu sagen, und dann losplappert und etwas so hanebüchen Dusseliges von sich gibt, dass die Engel sich vermutlich fassungslos am Kopf kratzen …

Als ich kürzlich auf einer bestimmten christlichen Veranstaltung sprach, kam nach der abendlichen Feier eine junge Frau zu mir, um mit mir zu reden. Man merkt so leicht, wenn Leute nervös sind, nicht wahr, Adrian? Schon von Weitem konnte ich ihr ansehen, dass sie ein wenig aus der Fassung war. Während ich mich noch fragte, ob sie irgendeine peinliche Sache zu bekennen hatte oder es ihr einfach nicht leichtfiel, einen wildfremden Menschen anzusprechen, beschloss ich blitzschnell, ihr die Angst zu nehmen.

»Hallo!«, begrüßte ich sie heiter. Da mir auffiel, dass sie ein T-Shirt mit einer Aufschrift trug, beschloss ich aus irgendeinem verrückten Grund, das als Gesprächsaufhänger zu benutzen.

»Also, was steht denn da auf deinem T-Shirt?« Sofort entgleisten ihr die Gesichtszüge, und sie wurde puterrot. Ich dachte mir, sie hätte ihren Modeartikel vielleicht bei einem dieser »christlichen« T-Shirt-Stände erworben, und es stünde irgendein Slogan vorne drauf, wie »Rapture Ready« (was sich so anhört, als hätte man ein Bruchband nötig); »Letzte Ausfahrt vor der Hölle«; »Hab Geduld, Gott ist noch nicht fertig mit mir« oder gar das subtile »Will you miss the abyss?«.

Doch dieses spezielle T-Shirt stammte offensichtlich *nicht* aus dem christlichen Geschenkeladen, denn der Schriftzug, der über ihrem mehr als reichlich bemessenen Busen prangte, verkündete in greller, neonleuchtender Schrift: »He du, glotz mir nicht auf die Titten!« Durch den Umstand, dass unsere Begegnung in einem großen Zelt stattfand, lag mir als Übersprungreaktion die Bemerkung auf der Zunge: »Schön, dich im Big Top zu sehen«, aber zum Glück konnte ich sie mir gerade noch verkneifen.

Deine Qualen wurden dadurch verstärkt, dass Du Dich mithilfe einer (leidgeprüften) Übersetzerin verständigen musstest, die offensichtlich im Auftrag des Herrn unterwegs war, um Dir zu helfen. Ich habe schon viel mit Übersetzern gepredigt, und wenn es um Humor geht, kann das ziemlich mühsam sein, findest Du nicht? Vor einiger Zeit war ich vier Tage lang zu Vorträgen auf einer Konferenz für christliche Flüchtlinge aus Sri Lanka. Jedes Wort auf dieser Konferenz, die in Paris stattfand, wurde ins Tamilische übersetzt, eine dieser Sprachen, in denen ein einziges englisches Wort wie

»Hi« eine zwei- oder dreiminütige Übersetzung nach sich zieht. Jedenfalls erzählte ich dort einige meiner »lustigen« Geschichten und merkte, dass die lieben Leute offenbar ihren Spaß daran hatten. Mal kicherten sie, mal lachten sie schallend, mal brüllte der ganze Saal vor Lachen. Zuversichtlich ging ich davon aus, dass mein Humor kulturübergreifend wirkte. Etwa nach der Hälfte des dritten Tages (an dem es besonders lustig zugegangen war) wandte ich mich mitten im Vortrag an meinen Übersetzer und sagte, ich sei sehr froh, dass die Witze funktionierten, und es sei interessant, dass meine Freunde aus Sri Lanka sie »kapierten«.

»Oh nein, sie kapieren sie überhaupt nicht, Jeff. Immer wenn du etwas Amüsantes sagst, sage ich zu ihnen: ›Jeff hat gerade wieder einen Witz gemacht. Bitte jetzt lachen.‹« Und genau das taten diese liebenswerten Leute in ihrer Freundlichkeit dann auch. Ehe sie mich beleidigten oder entmutigten, wollten sie lieber so tun, als ob sie sich köstlich amüsierten. Sie waren großzügig, ein bisschen so wie Deine lächelnden Freunde Brenda und Malcolm. Und obwohl ich für sie ein außerordentlich unwitziger Prediger war, lachten sie aus lauter Freundlichkeit.

Manchmal höre ich Leute über Erweckung reden. Ich glaube, wir könnten so etwas wie eine Erweckung der Freundlichkeit in der christlichen Gemeinde gebrauchen. Freundliche Leute »predigen« am besten, und das manchmal ganz ohne Worte. Das habe ich erst vor ein paar Wochen wieder gemerkt, als ich eine kleine Buchvorstellungstour mit einem Mann namens Gram Seed machte. Ich weiß nicht, ob Du Gram schon einmal begegnet bist. Er kommt aus dem Norden und heißt eigentlich Graham, aber er sagt: »Meine Oma hat mich Gram genannt, und das ist hängen geblieben.«

Gram ist einer der sanftmütigsten Menschen, denen ich

je begegnet bin, und das ist überraschend, denn er hat die Hälfte seines Lebens hinter Gittern verbracht. Er ist ein Hüne von einem Mann und hat Muskeln an Stellen, wo ich nicht einmal Stellen habe. Sein Leben war ein Kampf mit der schrecklichen Sucht nach einer bösen Trinität aus Gewalt, Drogen und Alkohol. Früher reiste er als Mitglied der »Frontline« von Middlesbrough (einer Gruppe gewalttätiger Fußball-Hooligans) durchs ganze Land und organisierte Treffpunkte für Kämpfe bis aufs Messer gegen andere »Schlachtenbummler«-Gruppen. Diese Blutorgien haben verheerende Spuren an seinem Körper hinterlassen. Man hat ihm das Gesicht mit einem Teppichmesser aufgeschlitzt und den Schädel an der Seite mit einer Axt eingeschlagen. Er sieht aus wie der Türsteher eines Nachtklubs, der jahrzehntelang betrunkene Rowdys vor die Tür gesetzt hat. Irgendwann wurde Gram obdachlos und lebte drei Jahre lang auf einer Parkbank, bis er schließlich schwer erkrankte, ins Koma fiel und im Sterben lag. Seine Mutter wurde ins Krankenhaus gerufen, um die nötigen Formulare zu unterzeichnen, damit die Herz-Lungen-Maschine abgeschaltet werden konnte.

Um die lange, wunderbare Geschichte abzukürzen: Im Krankenhaus tauchte eine Gruppe junger Christen auf, die Gram im Park von Jesus erzählt hatten (obwohl er sie immer wieder mit einer landläufigen Formulierung weggeschickt hatte, deren erstes Wort sich auf »vergisst« reimt). Sie baten um die Erlaubnis, mit ihm zu beten, bevor der Schalter umgelegt wurde und sein Leben endete. Sie beteten, er wachte auf, und einige Wochen später wurde er Christ. Heute verbringt er sein Leben damit, in Gefängnisse zu gehen (als Redner, nicht als Insasse) und jungen Straftätern von Gott zu erzählen. So, wie Du die Aufmerksamkeit Deines unruhigen und desinteressierten Publikums gewonnen hast, als Du sagtest: »Ich vermisse meine Tochter unheimlich«, so gelingt es Gram, eindrucksvoll von der wunderbaren Liebe Jesu zu erzählen, die sein Leben total verändert hat, weil er da herkommt, wo seine Zuhörer sind. Und es ist ihm gelungen zu vermeiden, ein allzu christlicher Christ zu werden, falls Du verstehst, was ich meine.

Aber zurück zu der erwähnten Buchvorstellungstour. Gram und ich sprachen bei einer kirchlichen Veranstaltung irgendwo im Vereinigten Königreich (ich erwähne lieber nicht, wo es war, falls irgendeiner unserer Leser aus Manchester kommen sollte), und der Tag lief nicht sehr gut. Das Hotel, in dem wir untergebracht waren, war grauenhaft. Es war schmutzig und stinkig, und als wir eincheckten, fragte uns die Dame an der Rezeption, ob wir ein Zimmer mit Fenster haben wollten, da das einen Aufschlag kosten würde. Die Ameisen in dem fensterlosen Zimmer freilich gingen auf Kosten des Hauses.

Als wir aus diesem Fawlty Towers wieder hinaus auf die Straße traten, stellten wir fest, dass unser Auto mit einem Knöllchen dekoriert worden war. Nein, der Tag lief nicht sehr gut. Nachdem wir durch den Regen zur nächsten Pizzeria geflohen waren, setzten wir uns ziemlich missmutig an unseren Tisch. Unsere Stimmung spiegelte das trostlose Wetter wider. Die Kellnerin erschien.

Adrian, wir hatten während des Essens absolut nichts getan, woran man hätte erkennen können, dass wir Christen sind. Wir trugen keine T-Shirts mit markigen Sprüchen, und wir hatten weder Fisch- noch Taubenabzeichen an uns. Wir beteten nicht vor dem Essen, sangen keinen Kanon, und auch ein Tamburin hatten wir nicht dabei. Als wir gegessen hatten, brachte die Kellnerin uns die Rechnung und fragte uns, gesprächig und freundlich, wie sie war, was für Pläne wir für den Rest des Tages hätten.

»Wollt ihr shoppen gehen, Jungs?«, lächelte sie.

Nein, antworteten wir, wir seien nicht zur Einzelhandelstherapie in der Stadt, sondern wegen einer Veranstaltung an diesem Abend.

»Geht es dabei um Gott?«, erkundigte sie sich. Völlig verdattert erwiderten wir, ja, bei der Veranstaltung gehe es tatsächlich um Gott, aber woher sie das wüsste?

»Ganz einfach«, sagte sie. »Ihr wart nett zu mir. Hier kommen haufenweise furchtbare Leute herein, die dauernd nur meckern und rumschimpfen. Aber ihr Jungs wart nett. Da dachte ich mir, das hat bestimmt was mit Gott zu tun.« Als wir hinausgingen, standen uns Augen und Münder weit offen vor Staunen darüber, was ein bisschen Wärme und Freundlichkeit für eine Kraft haben.

Freundlichkeit kommt auch bei der Frage nach den besten und den schlechtesten Predigten ins Spiel, über die wir gesprochen haben. Du sagtest, die schlechteste Predigt, die Du je gehört hast, hättest Du selbst gehalten, und eine der besten sei von der freundlichen Brenda gekommen. Es wird Dich vielleicht nicht wundern, dass auch ich zu meiner Beschämung gestehen muss, dass die grauenhafteste Ansprache, die mir je zu Ohren gekommen ist, aus meinem eigenen Mund stammte. Das war vor vielen Jahren, als ich anfing zu predigen – aber aus dieser letzten Aussage solltest Du keine allzu weitgehenden Schlüsse ziehen. Manche prominenten Christen reden über ihre Patzer und Sünden immer nur in der Vergangenheitsform, als wären ihre Schwächen stets nur ein Thema der antiken Geschichte. Ich dagegen habe einen ganzen Katalog durchaus zeitgenössischer Unzulänglichkeiten, und ich bin sicher, dass ich auch in jüngster Zeit ein paar Rohrkrepierer gepredigt habe.

Die Predigt allerdings, von der ich spreche, war von atemberaubender Unbeholfenheit. Der Pastor unserer Gemeinde, der wusste, dass ich auf die Bibelschule wollte, um mich auf den Pastorendienst vorzubereiten, verschaffte mir einen Termin als Gastprediger in einer Kapelle in der Nähe. Es war ein baufälliges kleines Gebäude, in dem sich eine winzige Versammlung traf. Ich will nicht respektlos vor dem Alter sein, aber ein oder zwei Leute dort waren schon so reich an Jahren, dass ich fürchtete, sie wären vielleicht schon tot und kauerten nun treu, aber steif, auf den Kirchenbänken. Jedenfalls war ihnen zu keinem Zeitpunkt während meiner umwerfend grauenhaften Ansprache irgendeine Regung, eine Reaktion oder auch nur ein Atmen anzumerken. Falls sie tatsächlich tot waren, sollte es mich für sie freuen, denn dann wäre ihnen der Unfug, der aus meinem Mund kam, erspart geblieben. Meine Predigt hatte drei Punkte. Mach Dich auf etwas gefasst, Adrian. Halt Dich am besten an irgendetwas Solidem fest, denn Du wirst gleich staunen über die umwerfende Weisheit, die an jenem Tag strömte. Oder auch nicht.

Punkt eins: *Christen haben keine Probleme.*

Punkt zwei: *Sollten Sie Probleme haben, beten Sie darüber, dann gehen sie weg.*

Und das epische Finale setzte dem Ganzen die Krone auf, Adrian. Es war die Perle der Wahrheit, die den noch lebenden Mitgliedern der Gemeinde das Gefühl gegeben haben muss, sie seien tatsächlich Schweine:

Punkt drei: *Wenn Sie Probleme haben, die nicht weggegangen sind, obwohl Sie darüber gebetet haben, dann sind Sie wahrscheinlich kein Christ, und das ist ein sehr großes Problem.*

Ich weiß, Adrian. Dafür hätte ich einen Preis verdient. Damit bin ich für die Welt des Predigens das, was die Cheeky Girls für die Musik sind. Aber das bringt mich wieder zurück zur Macht der Freundlichkeit, denn die Mitglieder dieser Gemeinde, die noch einen Puls hatten, waren überaus liebenswürdig zu mir. Sie dankten mir, dass ich gekommen war, ermunterten mich freundlich zu fleißigem Lernen und bewiesen eine wunderbare Großzügigkeit schon dadurch, dass sie dort saßen und dieses rhetorische Äquivalent einer Zahnwurzelbehandlung über sich ergehen ließen. Ich predigte kompletten Müll, und sie reagierten mit Barmherzigkeit und Segen. Ich staune heute noch, wenn ich daran zurückdenke.

Fünfunddreißig Jahre später predige ich immer noch. Manchmal predige ich fünf Mal an einem Wochenende. (In der Timberline Church, wo ich einer der Pastoren bin, haben wir acht Gottesdienste. Ich trage mehrmals dieselbe Botschaft vor, mit derselben Gliederung, denselben Beispielen und demselben »spontanen« Humor.) Kürzlich sagte ich zu Kay, dass ich so viel predige, dass ich manchmal den Klang meiner eigenen Stimme nicht mehr hören kann. Das Gefühl könne sie sehr gut verstehen, sagte sie.

Doch nachdem ich gerade gestern wieder einmal von einer Predigtreise zurückgekommen bin, Adrian, muss ich Dir sagen, dass ich im Moment nicht darum bete, ein besserer Prediger zu werden, sondern darum, ein freundlicherer Mensch zu werden. Sich hinzustellen und eine Ansprache zu halten ist relativ einfach. Doch wie ich erst gestern wieder herausgefunden habe (ich sagte Dir ja schon, dass manche meiner Sünden sehr jungen Datums sind), ist es erheblich schwerer, nett zu sein, wenn man einen langweiligen Tag hat und die Leute unfähig sind. Gestern fing unser Auto an, Mucken zu machen. In den seltsamsten Momenten rastete plötzlich das Lenkradschloss ein, was wenig hilfreich und sogar gefährlich ist, falls man nicht sowieso schnurgeradeaus fahren wollte. Wir riefen im Autohaus an und verlangten die Kundendienstabteilung, wo man uns sagte, wenn wir einen erheblichen Umweg machten, könne sich ein Mechaniker das einmal anschauen. Doch das war eine Fehlinformation. Als wir ankamen (nachdem wir uns aufgrund der falschen Wegbeschreibung verfahren hatten), sagte man uns, die Werkstatt sei zu ausgelastet, um uns zu helfen. Wir sollten den Automobilklub anrufen und uns nach Hause schleppen lassen.

Ich habe weder geschrien noch geschimpft noch jemanden geschlagen. Aber ich erging mich in ausgiebigem Schnaufen und Prusten, obwohl ich trotz des Ärgernisses sicherlich freundlicher und angenehmer hätte sein können. Jemand hatte einen Fehler gemacht. Ich, dem so viel Barmherzigkeit erwiesen worden war, als ich meine grottenschlechte Predigt hielt (und seither immer wieder), war gestern nicht bereit dazu, diese Gnade weiterzugeben. Meckern war leichter. Darum bete ich, Gott möge mir helfen und mich verändern.

Also, ich wünsche Dir einen wunderschönen Tag. Nachdem wir so viel über Freundlichkeit geredet haben, lohnt es sich, das zu sagen, und ich meine es ganz ernst: Ich bin dankbar für Dich und für Deine Freundschaft.

Viele liebe Grüße,

Jeff

FÜNFZEHN

Lieber Jeff,
bei Deiner Erzählung von dem sri-lankischen Dolmetscher hätte ich mich beinahe nass gemacht (ich bin immer offen für unkonventionelle Tauferlebnisse). Wie hast Du denn dann weitergemacht, nachdem Du erfahren hattest, dass Deine Zuhörer nur aus Nächstenliebe gelacht hatten? Meine Befürchtung und Sorge ist, dass ich an Deiner Stelle mein Heil darin gesucht hätte, meinen Zuhörern Schuldgefühle zu suggerieren oder irgendwelche unmittelbaren Katastrophen zu prophezeien, wie etliche andere christliche Vortragsredner es tun, um Kontrolle und Selbstachtung zurückzugewinnen. Wie Du weißt, verwende ich sehr gern Humor, aber manchmal kann das ganz schön knifflig sein, nicht wahr?

Eines der Dinge, die ich gar nicht mag, ist die *Ermunterung* zum Lachen, wie man es nennen könnte. Vor ein paar Jahren war ich einmal an einem Samstagabend in einer Baptistengemeinde zu Gast. Der Organisator hatte offensichtlich den Eindruck, dass seine zahlenden Gäste nicht begeistert genug auf meine köstlichen kleinen Juwelen reagierten. Also begann er ein scheußlich lautes, mechanisch rhythmisches Lachen von sich zu geben, dass offenbar seiner Erheiterung Ausdruck geben und die anderen zu ebensolcher Erheiterung inspirieren sollte. Er hörte sich regelrecht so an wie eine arme Seele, die mit übelster Folter bedroht wird, falls sie irgendwelche IKEA-Montageanleitungen nicht zum

Brüllen komisch findet. So bizarr und schauerlich hörten sich diese Lachattacken an, dass die Aufmerksamkeit des Publikums sich fast ausschließlich auf die Person richtete, die sie hervorbrachte. Ich schätze, plötzlicher Wahnsinn und Autounfälle haben dieselbe Wirkung: Alles glotzt. Der Abend verlief dann eher weniger erfolgreich.

Was die Freundlichkeit angeht, kann ich Dir nur zustimmen, Jeff. Wenn alles andere scheitert, kommt man mit Freundlichkeit meistens weiter. Die Kellnerin, die Dich und Gram bediente (übrigens würde ich Gram sehr gern einmal kennenlernen), erkannte offenbar die Freundlichkeit Gottes in der Art und Weise, wie Ihr beide ihr begegnetet, die Person, die Dich mit dem Auto im Stich ließ, dagegen nicht. Denk bitte nicht, ich wollte Dich deswegen verurteilen, Jeff. Im Gegenteil. Dein Erlebnis erinnert mich schmerzlich an etwas, das mir letztes Jahr an einer Autobahnraststätte passierte. Es ist leichter, zu predigen, als freundlich zu sein? Ja, das trifft den Nagel so ziemlich auf den Kopf. Es passierte Folgendes.

Bridget und ich parkten und stiegen aus dem Auto. Als Bridget, die auf der Fahrerseite saß, ihre Tür öffnete, stieß sie ganz leicht an die Tür eines blauen Wagens, der neben uns parkte. Im Nu tauchte aus dem Nichts ein kleiner, jähzorniger Mann mit grauem Bart auf, um sofort eine wilde und ziemlich persönliche Schimpfkanonade gegen Bridget loszulassen. Lautstark ließ er sich darüber aus, wie teuer doch sein Auto sei, und ließ ihr keine Gelegenheit, sich zu entschuldigen oder zu verteidigen oder überhaupt irgendetwas zu sagen. Meine Frau ist schneller bereit, sich zu entschuldigen, als irgendjemand sonst, den ich kenne, selbst wenn sie gar nichts falsch gemacht hat, aber dieser Bursche wollte einfach nicht hinhören. An diesem Punkt fand ich, es reichte, und wies ihn darauf hin, was auch immer für ein

Schaden entstanden sei (gar keiner, wie sich dann herausstellte), es gebe jedenfalls keinen Grund, so grob und beleidigend zu werden. So weit, so gut, oder, Jeff? Ich konnte ja den Mann nicht einfach weiter auf Bridget einbrüllen lassen. Doch dann kam der Sohn hinzu, kochend vor Zorn, und erklärte, es sei sein Auto, und sein Vater könne keinesfalls auch nur im Geringsten grob gewesen sein, das sei überhaupt nicht seine Art. Wir sollten uns etwas schämen, fügte seine Mutter hinzu, die ebenfalls von irgendwoher erschienen war.

»Finden Sie nicht«, sagte ich, »es wäre besser gewesen, wenn Ihr Vater sich ein bisschen zurückgehalten und meiner Frau die Gelegenheit gegeben hätte, sich zu entschuldigen und Schadensersatz anzubieten?«

»Ach, und das hätten Sie wohl so gemacht, wenn ich meine Tür in Ihre gerammt hätte, was?«, fragte er, während er sein Gesicht dicht vor meines schob.

»Nun, ja«, erwiderte ich. »Ich bin ziemlich sicher, dass ich es genauso gemacht hätte. Ich hätte gelächelt und ›Hoppla!‹ gesagt.«

»Also, das finde ich aufgeblasen und herablassend!«, gab er zurück.

Plötzlich sah ich rot, aber es war eine Art kühles, eisern beherrschtes Rot. Ich scherte mich keinen Deut um ihn oder seinen Vater oder seine Mutter oder ihre ewigen Seelen. Alles, was ich wollte, war gewinnen. Und nachdem ich nun etwa eine Minute lang mit diesem Mann zu tun gehabt hatte, glaubte ich zu wissen, wie das zu bewerkstelligen war. Der Tonfall, mit dem ich das Folgende sagte, war voller ruhiger, eiskalter, ganz und gar abweisender Verachtung.

»Stellen Sie sich nicht so an.«

Und damit wandte ich mich in Richtung Restaurant.

Er schob sich mir in den Weg und hielt mir sein Gesicht

dicht vor die Nase. Vor Wut schäumte er beinahe am Mund. Ich rechnete schon damit, dass er mir gleich seine Faust ins Gesicht rammen würde. Doch Mutter schaltete sich ein.

»Lass sie«, sagte sie. »Komm, die sind es nicht wert!«

Als wir später zurück zum Auto kamen, war am Heck eine kleine Delle, die definitiv vorher nicht da gewesen war. Wir stiegen in unseren Wagen, und gerade als wir zurücksetzen wollten, parkte neben uns ein Van ein. Der Fahrer stellte den Motor ab, öffnete seine Tür und stieß dabei versehentlich an unsere. Bridget und ich sahen uns an und brachen gleichzeitig in Gelächter aus. Der Fahrer, der sicher denken musste, wir wären nicht ganz bei Verstand, machte jenseits des Fensters entschuldigende Gesten. Ich lächelte ihn an.

»Hoppla!«, formte ich mit den Lippen.

Was ich an alledem bedaure, ist, dass mir diese Leute, insbesondere der junge Mann, nicht nur für eine kurze Zeitspanne völlig egal waren, sondern dass ich ihm sogar absichtlich und böswillig schaden wollte. Ich schätze, ich hätte im Weggehen noch über die Schulter zurückrufen können: »Möchten Sie sich bekehren?« Aber ich glaube irgendwie nicht, dass das sehr wirkungsvoll gewesen wäre.

Solche Dinge passieren, und sie sind mir unangenehm. Es kann ziemlich beunruhigend sein, zu merken, in was für Leute wir uns verwandeln, wenn wir in die Enge getrieben werden. Die ebenso beschämende wie wunderbare Tatsache ist jedoch, dass uns vergeben werden kann. Beschämend, weil wir immer wieder daran erinnert werden, dass die Gerechtigkeit nicht von uns kommt, und es geht uns Christen immer wieder so, dass wir uns daran nicht gern erinnern lassen. Und wunderbar, weil es die bereitwillig geschenkte Vergebung eines väterlichen Gottes ist, die uns eines Tages sicher nach Hause bringen wird.

Übrigens, die andere Sache in Deiner letzten Epistel, die mich gleichzeitig zum Lachen und zum Zähneknirschen brachte, war die Schilderung Deiner frühen Predigt. Ojemine. Drei Punkte, die alle mit Sch anfangen und vermutlich mit ße enden. Ich wette, Du hast Deine Predigt im Brustton felsenfester Überzeugung vorgetragen. So machen wir das, wenn die Tatsache, dass wir so gut wie nichts wissen, ein Geheimnis ist, das uns noch nicht offenbart wurde, nicht wahr? Keine Sorge. Du bist nicht allein. Auch ich habe einst einen vollmächtigen Entmutigungsdienst ausgeübt, hauptsächlich auf den Straßen und in den Cafés von Tunbridge Wells. Es war, als hätte ich von Jesus den Auftrag erhalten: »Geh hinaus in alle Welt, besonders zu Zeiten, wenn alle Welt mit etwas wirklich Wichtigem beschäftigt ist, und schreck sie davon ab, mir nachzufolgen, weil sie nicht so ein rücksichtsloser, arroganter Depp sein wollen wie du.«

Und was hat sich seither geändert? Warum halte ich nicht einfach die Klappe, nachdem ich endlich die unausweichliche Tatsache meiner eigenen Ahnungslosigkeit begriffen habe? Eine interessante Frage, Jeff. Ich schätze, im Großen und Ganzen ist die Antwort die, dass an die Stelle der Gewissheit die Leidenschaft getreten ist, auch wenn Letztere oft leicht mit der Ersteren zu verwechseln ist.

Ein Beispiel. Vor ein paar Jahren waren Bridget und ich verantwortlich für die Verkündigung auf einer Ferienfestivalwoche in Carberry Towers in der Nähe von Edinburgh, einer der schönsten Tagungsstätten, die wir kennen. Wir treffen dort immer wieder jede Menge alte Freunde. Für die Gäste war es aus allen möglichen praktischen Gründen eine recht beschwerliche Woche, doch die Atmosphäre war sehr positiv, und wir bemühten uns mit viel Gespür und Überlegung darum, unsere Versammlungen am Vormittag so entspannend und gut zugänglich wie möglich zu gestalten. Am letzten Tag des Festivals traf ich auf dem Weg zurück in das Wohngebäude, in dem wir unser Zimmer hatten, ein kleines Mädchen. Sie war etwa acht Jahre alt und die Tochter des Lobpreisleiters und seiner Frau, eines liebenswerten Ehepaars, das einen ganzen Stamm solcher lebhafter, charakterstarker Kinder hervorgebracht hatte, die man mit Wonne den ganzen Tag beobachten könnte. Als ich stehen blieb, um sie zu begrüßen, schaute dieses dunkelhaarige, stille Mädchen hinauf in mein Gesicht und fixierte mich mit einem wissenden Blick.

»Du weißt eine Menge über Gott, oder?«, sagte sie mit feierlichem Ernst.

Ich weiß nicht mehr genau, wie ich darauf antwortete – hoffentlich etwas Neutrales, Freundliches und Harmloses. Aber ich erinnere mich noch genau an den plötzlichen, lautlosen, panischen Aufschrei, der in mir aufstieg wie eine dunkle Fontäne und sich an sie und jeden anderen richtete, der genauso empfand wie sie. Es ist ja schön und gut, was dieser Ortberg schreibt, aber ich komme kaum mit dem Boot klar, von aussteigen und auf dem Wasser gehen ganz zu schweigen. Ich bin ein Zweifler und Sorgenmacher, einer, der ständig seinen Standpunkt verlagert. Ich bin bedürftig und schwach, und manchmal verirre ich mich. Ich bete und hoffe und wüte und beschwöre Gott ständig, meine lädierte Seele mit herrlichem Frieden zu erfüllen. Also sag mir nicht, sage mir niemand, ich wüsste viel über Gott. Denn wenn es wirklich so wäre, dass ich derjenige bin, der etwas weiß, und ihr nichts wisst – nun, meine Brüder und Schwestern, dann sind wir geliefert. Bei tausend verschiedenen Gelegenheiten, vor tausend verschiedenen Werkstatttoren, habe ich zu dem Gott, der in meiner Leidenschaft, meinem Schmerz und meiner Verwirrung wohnt, diese oder ähnliche Worte gesagt:

Erbarm dich, Herr, erbarme dich, ich fühl mich leer und klein,
Heut muss an meiner Stell' ein andrer stark und sicher sein.

Ich fürchte, das hört sich alles ein bisschen dramatisch und übertrieben an, was? Aber so war nun einmal meine Reaktion. Und natürlich wirft das eine Frage auf; die Frage, die ich schon einmal gestellt habe: Warum mache ich das überhaupt? Was sind die treibenden Elemente dieser Leidenschaft, die stärker ist als das Wissen und auf seltsame Art unausweichlicher als der Sommerschlussverkauf? Die Antwort auf diese Frage trifft vermutlich für uns beide zu. Jesus ist die Antwort. Er ist der Grund, das Motiv, das Herz, das Licht, das strahlt wie ein Scheinwerfer oder flackert wie eine Kerze im Luftzug, aber nie vollends ausgeht. Es ist meine Sehnsucht nach ihm, mein tiefer Wunsch, zwischen uns möge alles gut sein, der mich dazu treibt, weiter zu verkündigen und zu ermutigen und herauszufordern und denen Raum zu geben, die auf der gleichen seltsamen Reise sind wie ich. Es ist, so hoffe ich, eine Widerspiegelung dieses oft ausgesprochenen, überwältigenden Verlangens danach, dass wir uns umeinander kümmern.

Jerome K. Jerome hätte diese kleine Hoffnung, die ich hege, sicher verstanden. Hier ist eine meiner Lieblingsstellen aus *Drei Männer im Boot*, seinem herrlichen Lobgesang auf das ganz gewöhnliche Menschsein:

> Wir fühlen uns so hilflos und so klein in der großen Stille, wenn die dunklen Bäume im Nachtwind rascheln. Es sind so viele Geister unterwegs, und ihre stummen Seufzer machen uns so traurig. Lasst uns in den großen Städten zusammenkommen und riesige Feuer aus einer

Million Gasflammen entzünden und gemeinsam rufen und singen und uns tapfer fühlen.[3]

Das mag nicht gerade ein konventionelles Bild für evangelikale christliche Versammlungen sein, aber mir reicht es aus. Ich frage mich manchmal, Jeff, woran Jesus wohl gedacht haben mag, als er dort am Kreuz hing und sich zutiefst verlassen fühlte. Zweifellos alle möglichen unermesslich tiefen Dinge, aber vielleicht blitzten da auch flüchtige Bilder auf von Sabbatspaziergängen durch wogende Weizenfelder, das Schwatzen und Kichern seiner Freunde, ihre liebenswerte Naivität, der Duft von gebratenem Fisch, der Ruf zum Essen, alte Geschichten am Feuer, geliebte Gesichter in der Nacht, erleuchtet von Wärme und Fröhlichkeit. Könnte er nur dort sein und eintauchen in diese vertraute, herrliche Gewöhnlichkeit. Aber das konnte er natürlich nicht. Die Option mit den zwölf Engelslegionen hatte er ja bereits abgelehnt, eben weil er wollte, dass künftige Generationen dieses reiche Gefühl des Zusammenseins mit ihm gemeinsam genießen könnten. Und letzten Endes ist das vielleicht auch der innerste Kern dessen, was ich tue. Es mag sich etwas unspektakulär anhören, aber ich möchte einfach nur mithelfen, Zusammenkünfte mit Jesus zu organisieren.

Gott segne Dich, Jeff –

Adrian

SECHZEHN

Lieber Adrian,
Du fragst, wie ich damit klarkam, als ich erfuhr, dass meine sri-lankischen Freunde nur auf Zuruf lachten. Nun, ich habe einfach weitergemacht, denn das ist es ja, was wir Christen oft tun, egal, ob irgendjemand zuhört oder ob wir Anstoß erregen oder alles andere als witzig sind. Ich war schon auf einigen christlichen Veranstaltungen, bei denen die Leiter nicht die geringste Notiz von ihrem Publikum oder ihrer Gemeinde nahmen. Aber ich schätze, ich konnte letztlich deshalb weitermachen, weil ich wusste, dass diese Leute so ungemein freundlich waren, dass sie bereit waren, lauthals zu lachen, nur um mir einen Gefallen zu tun. Ihre Großzügigkeit ermöglichte es mir, die Veranstaltung (wenn auch mit hochrotem Kopf) zu Ende zu bringen.

Deine Worte über das gewöhnliche Menschsein im Allgemeinen und Deine Unterhaltung mit dem kleinen Mädchen in der Tagungsstätte, das Dich für einen »besonderen« Menschen hielt, haben die eine Gehirnzelle, die ich habe, in Schwung gebracht. Ich bin zu dem Schluss gekommen, dass wir das Gewöhnliche viel mehr feiern müssen. Wir müssen das Alltägliche vom Staub befreien und freudig in die Arme schließen. Während ich dies schreibe, höre ich mir eine Kassette von einem höchst überzeugend und tatsächlich völlig aufrichtigen Prediger an, der mich glauben machen möchte, ich könne im Alleingang bis zum nächsten Donnerstagnachmittag die Welt verändern, weil Jesus mich in eine Art

Superhelden verwandele. Ich könne, so sagt er mir, alle Dinge tun durch Christus, der mich stark macht – was natürlich so, wie er das sagt, nicht stimmt. Ich kann nicht Fagott spielen, ich verstehe kein Sanskrit, und ich könnte nie die männliche Hauptrolle in der Nussknacker-Suite tanzen, wenn ich auch bekennen muss, dass es bestimmt Spaß machen würde, mit einem Hosenbeutel angetan über die Bühne zu hüpfen. Fagott hat mich allerdings nie gereizt.

Eine der wunderbarsten Eigenschaften Jesu ist für mich, dass er sowohl bemerkenswert als auch herrlich gewöhnlich zugleich ist. Vielleicht ist das der Grund, warum ich kein gutes Haar an den Künstlern lassen kann, die die Geburtsszene in so überirdischen Farben gemalt haben, mit einer Maria, die von Kopf bis Fuß in eine blaue Nonnentracht gehüllt ist (ziemlich ungewöhnliches Outfit für eine Geburt) und einem Jesusbaby (komplett mit Heiligenschein in Kindergröße), das von grinsenden, sich tadellos benehmenden Stalltieren umgeben ist, einschließlich anbetender Schafe, die ihren Lobpreis herausblöken. Auf diesen Gemälden kann der kleine Jesus immer schon sitzen, was eine erstaunliche Leistung ist, wenn man bedenkt, dass er erst zwanzig Minuten alt ist, und wirft einen liebevollen Blick auf den Esel, der trotz mangelnder Möhre lächelnd zu seiner linken steht. Es sieht so aus, als würde unser junger Herr gleich eine Ansprache an die drei Weisen richten und sich herzlich bei ihnen für ihr Erscheinen bei seinem Geburtstagsfest bedanken. Josef ist auf diesen Darstellungen meist nicht zu sehen, Adrian. Man kann nur vermuten, dass er irgendwo unterwegs ist, um einen wackeligen Couchtisch zu reparieren, oder dass er einfach nicht fluoreszierend genug leuchtet, um mit aufs Bild zu dürfen. Was mich an dieser Hochglanz-Weihnachtsszene so frustriert, ist, dass die fabelhafte Gewöhnlichkeit dieses Ereignisses verschleiert wird. Selbst der

Verfasser eines meiner Lieblings-Weihnachtslieder, *Away in a Manger*, hat sich in diese offenkundige Unwirklichkeit verirrt:

> The cattle are lowing, the baby awakes
> But litte Lord Jesus no crying he makes.

> *Das Vieh ruft lärmend, das Kindlein erwacht*
> *Doch keinen Schrei der kleine Herr Jesus macht.*

Warum in aller Welt sollte Jesus nicht schreien? Wäre ich gerade in einem stinkenden Stall geboren worden, umgeben von einer Herde muhender Rindviecher, und bekäme dann auch noch Besuch von irgendwelchen seltsamen Mystikern mit so obskuren Geschenken wie Gold, Weihrauch und Myrrhe, ohne dass weit und breit ein Schokoriegel, ein Teddybär oder irgendetwas von Fisher Price zu sehen wäre, so wäre ich versucht, den ganzen Laden in Grund und Boden zu schreien und einen Riesendreck in meine Windeln zu machen. Natürlich würde ein Neugeborenes von alledem gar nichts merken, aber Du weißt, worauf ich hinauswill. Das überwältigende Wunder besteht gerade darin, dass der ewige Sohn Gottes ein weinendes Baby wurde und keine Miniaturausgabe eines intergalaktischen Besuchers.

Dennoch gibt es immer wieder Leute, die aus lauter Angst davor, sie könnten Jesus seiner Göttlichkeit berauben, indem sie seine Menschlichkeit unterstreichen, mit Empörung auf den Gedanken reagieren, der Sohn Gottes hätte während seines Aufenthaltes auf diesem Planeten die Toilette benutzt. Aufs Klo zu gehen ist einer der grundlegenden Aspekte des alltäglichen Lebens. Wir alle tun es häufig, und wer es nicht tut, kauft sich Weizenkleie und wünscht sich, er könnte es. Aber es gibt Leute – glaub mir, ich bin selbst welchen begegnet –, die unerschütterlich behaupten, Jesus hätte volle dreiunddreißig Jahre lang niemals seinen Darm entleert. Der Gedanke, dass der König der Könige auf einem solchen eher gewöhnlichen Thron Platz genommen haben könnte, ist für manche Leute schier unerträglich. Dabei sind solche lächerlichen Vorstellungen nicht nur dumm; sie sind sogar häretisch. Unter Doketismus versteht man die falsche Vorstellung, Jesus sei nicht wirklich ein Mensch gewesen, sondern habe nur so ausgesehen. Die Wahrheit ist, dass Jesus ganz und gar Mensch war und deshalb alles tat, was zum ganz gewöhnlichen Leben dazugehört.

Besonders froh bin ich aber darüber, dass diese Hingabe an das Gewöhnliche sich selbst nach der Auferstehung Jesu fortsetzte. Das Schöne und Herrliche daran liegt gerade darin, dass es unspektakulär ist. Wäre es mir zugefallen, die Auferstehung zu choreografieren, so hätte das alles ganz anders ausgesehen. Stell Dir eine Mischung aus Cecil B. DeMille und Steven Spielberg vor. Ich hätte die Red Arrows engagiert, damit sie einen Formationsflug absolvieren und mit bunten Rauchfahnen »Jesus ist auferstanden, ätsch, ihr Pharisäer« an den Himmel schreiben. Ich hätte elftausend Engel in gelben Doc-Martens-Stiefeln am Strand stepptanzen lassen, untermalt vom London Philharmonic Orchestra und einem walisischen Männerchor. Es wäre mitreißend und unvergesslich gewesen und hätte die Jünger zweifellos ohne Ende aufgemuntert.

Ohne mein herausragendes Event-Management-Talent lief die Auferstehung freilich völlig anders ab. Da ging kein Blitzlichtgewitter der Paparazzi auf Jesus nieder. Stattdessen wird er irrtümlich für einen herumwerkelnden Gärtner gehalten. Er macht einen Sieben-Meilen-Spaziergang mit zwei untröstlichen Jüngern, die in der völlig falschen Richtung unterwegs sind.

Und dann geht er fischen und kauft ein wenig ein und kocht – so sieht es zumindest aus. Als Jesus für Petrus und seine anderen Freunde Frühstück machte, da hatte er ja die Fische und das Brot irgendwo besorgt, oder? Vermutlich gibt es Leute, die meinen, unser Herr habe einfach nur »Lieken Urkorn« geflüstert, und schon wäre das fertig geschnittene Brot aus dem Nichts erschienen. Dieselben Leute stellen sich wohl auch vor, Jesus sei dann an die ans Ufer klatschenden Wellen getreten und hätte gerufen: »Kabeljau, komm heraus!«, worauf ein paar bereits filetierte Fische aus dem Wasser geflogen kamen und in seiner Hand landeten, fertig zum Braten mit einer frischen Zitrone und einer Thymiangarnierung. Ich neige eher zu dem Gedanken, dass er fischen oder einkaufen ging. Es ist alles ganz alltäglich. Und wir übersehen, wie herrlich das ist, wenn wir versuchen, es mit Glitzerkram zu überstreuen.

Du und ich, wir führen beide ein sehr abwechslungsreiches und aufregendes Leben, aber selbst so gibt es für mich immer noch reichlich Zeiten, die ich unter »Keine besonderen Vorkommnisse« abheften könnte. Doch Jesus ist auch auf den gewöhnlichen, ereignislosen und schlicht langweiligen Strecken des Lebens, die einfach zum Menschsein dazugehören, mit dabei.

Warum lasse ich mich darüber so aus? Weil ich manchmal fürchte, dass Christen die Werbetrommel für eine Erfahrung rühren, die gar nicht sehr authentisch ist. Wenn das Bild auf der Dose nicht stimmt, dann bringen wir die Leute in die Gefahr, eine Enttäuschung und eine Glaubenskrise zu erleben. Freilich ist es nicht wirklich eine Krise des echten Glaubens, sondern nur des Glaubens, wie er von uns angepriesen und beworben wurde.

Deshalb müssen wir, glaube ich, der Versuchung widerstehen, unsere Glaubenserfahrung aufzumotzen und eine

Spur spektakulärer aussehen zu lassen, als sie wirklich ist. Letzte Woche habe ich einen Prediger gehört, der uns einen netten kleinen Plausch mit dem Heiligen Geist wiedergab, der sich mit Rede und Gegenrede etwa fünfzehn Minuten hinzog. Ich fragte mich ernsthaft, ob es wirklich so gewesen war oder ob hier in abgekürzter Sprache ein geistiger Weg beschrieben wurde. Doch die abgekürzte Sprache erweckte den Eindruck eines selbstverständlichen Umgangs miteinander, der nicht ganz realistisch ist. Ich weiß nicht, wie es bei Dir ist, Adrian, aber ich weiß nie so genau, ob Gott zu mir spricht, auch nach fünfunddreißig Jahren Christsein nicht. Manchmal bin ich nicht in der Lage, den Unterschied zwischen der Stimme des ewigen Gottes und den verschlungenen Wegen meiner eigenen Fantasie zu erkennen. Und denen, die jetzt auf die lebhaften Unterhaltungen verweisen, die der Allmächtige mit diversen Leuten im Alten Testament hatte, möchte ich in Erinnerung rufen, dass zwischen diesen dramatischen Begegnungen manchmal viele Jahre des Schweigens lagen. Wir tun weder Gott noch Gottes Volk einen Gefallen, wenn wir so tun, als bestünde das Glaubensleben darin, von einem dramatischen, epischen Moment zum nächsten zu hüpfen.

Vielleicht ist das einer der Gründe, warum wir beide so gern von unseren peinlichsten Momenten erzählen, Adrian. Nicht nur, weil das die Leute (hoffentlich) zum Lächeln bringt, sondern auch, weil es diese Wahrheit veranschaulicht: Mitten in dem gewöhnlichen, alltäglichen Gewurschtel des Lebens und den hochnotpeinlichen Patzern, die Dir und mir ständig zu passieren scheinen, ist Gott. Und das muntert mich ohne Ende auf. Wie ist das bei Dir?

Übrigens habe ich beschlossen, Dir in meinem nächsten Brief von einem meiner Erlebnisse zu erzählen, das mir immer noch das Blut in den Kopf steigen lässt, wann immer ich daran denke. Aber vielleicht sollte ich Dich erst einmal zu Wort kommen lassen. Hast Du in letzter Zeit irgendwelche kapitalen Böcke geschossen?

Viele liebe Grüße,

Jeff

SIEBZEHN

Lieber Jeff,
ob ich irgendwelche kapitalen Böcke geschossen habe? Musst Du das wirklich fragen? Seit ich Dir vor einiger Zeit von meinem fürchterlichen Erlebnis in Ungarn geschrieben habe, musste ich an alle möglichen peinlichen Sachen denken, die mein elendes Leben interpunktiert haben wie eine Ausrufungszeichenplage. Eine Sache, die mir sofort einfällt, ist mein letzter Besuch bei Marks & Spencer, um mir ein Paar Hosen zu kaufen.

Bridget kauft heutzutage meine Hosen meistens online. Dafür gibt es zwei Gründe. Erstens scheint es im Onlineshop von M&S eine viel größere Auswahl von Hosen in meiner Größe zu geben, während in den Läden offenbar immer nur die Größen für dicke Zwerge oder ausgehungerte Massai-Krieger vorrätig sind. Daraus ergibt sich der zweite Grund. Ich hasse, verabscheue und verachte den ganzen Aufwand, in diesen aus Pappe gefalteten, sargengen Kabinen mit ihren fadenscheinigen Vorhängen, die nur an einer Seite bis an den Türrahmen heranreichen, wie sehr man sich auch bemüht, sie über die ganze Türöffnung zu breiten, schlecht passende Hosen anzuprobieren. Sobald ich eines dieser grausigen kleinen Höllenlöcher betrete, fühle ich mich heiß und schwer und rotgesichtig und dick und mordlüstern.

Diesmal probierte ich ein Paar Jeans an, das ungeachtet der Größenangabe auf dem Etikett eigens für einen Zirkusclown angefertigt worden sein musste, dem man den rechten Fuß amputiert hatte. Nach dem Abstieg hinab in das riesige Denim-Becken am oberen Ende dieses lächerlichen Kleidungsstückes schaffte ich es, mein linkes Bein hinein und durch die dafür vorgesehene Öffnung zu befördern, doch es gelang mir nicht, am unteren Ende des anderen Hosenbeins ein Loch ausfindig zu machen, durch das mein rechter Fuß wieder ins Freie hätte gelangen können. In meinem angestrengten Bemühen, mein Gleichgewicht zu wahren, vollführte ich einen rasch hüpfenden Tanz auf meinem linken Bein, während mein halb behostes rechtes Bein wild durch die Luft ruderte und ich verzweifelt versuchte, das Loch aufzuspüren, das doch ganz gewiss und ohne jeden Zweifel dort irgendwo sein *musste.*

Das Unvermeidliche geschah. Bei mir bleibt das Unvermeidliche meistens nicht aus. Ich verlor das Gleichgewicht, fiel mit wild fuchtelnden Gliedmaßen rückwärts und krachte mit solch erderschütternder Wucht gegen die Holzwand der Kabine, dass ich fürchtete, die ganze Kabinenreihe würde hinter mir zusammenbrechen wie ein Kartenhaus und ich würde vor den Augen von ganz Marks & Spencer auf dem Rücken liegen, halb in meine Clownjeans gehüllt, und mit einem gefesselten Bein hilflos durch die Luft wedeln.

Zu diesem totalen Zusammenbruch kam es zum Glück nicht, aber es war schlimm genug, ein paar Minuten später verlegen aus meiner Kabine zum Vorschein zu kommen und mir der beunruhigten, verstohlenen Blicke der Kundschaft und des Verkaufspersonals in der Nähe bewusst zu sein, die zweifellos voll Schrecken und Verblüffung meiner täuschend ähnlichen Nachahmung eines übel gelaunten, in einem IKEA-Kleiderschrank eingesperrten Nashorns zugehört hatten. Es war mir *so* peinlich.

Ich kaufe nie mehr im Laden. Nie wieder. Meine Entscheidung steht fest. Von jetzt an wird nur noch online eingekauft.

Meine katastrophalen Erfahrungen mit dem örtlichen Einzelhandel verblassen freilich zur Bedeutungslosigkeit, wenn ich sie mit einem Erlebnis vergleiche, das so markerschütternd grauenhaft war, dass es mir das Blut heiß und kalt zugleich werden lässt, wann immer ich daran denke. Ich sollte vielleicht hinzufügen, Jeff, dass Deine Meinung über meinen Geisteszustand eine radikale Kehrtwendung genommen haben könnte, ehe Du diese bizarre kleine Anekdote zu Ende gelesen hast (immer vorausgesetzt, Du hältst mich im Moment noch für zurechnungsfähig).

Zu Beginn muss ich Deine Zustimmung zu dem Gedanken erheischen, dass wir alle unsere komischen kleinen Gewohnheiten und Neigungen haben, die dem Rest der Welt ein wenig merkwürdig erscheinen. Ich habe ein paar davon. Bitte sag mir, dass Du auch eine oder zwei davon hast; sonst komme ich mir vor wie der Mann bei Monty Python, der die Frage stellt: »Wer von uns könnte schon ehrlichen Herzens sagen, er hätte noch nie irgendein großes öffentliches Gebäude niedergebrannt?«

Eine meiner kleinen Gewohnheiten ist es, Gegenstände auf meinem Kopf zu balancieren. Ja, Du hast richtig gelesen: Ab und an mag ich es, Gegenstände auf meinem Kopf zu balancieren. Du darfst ruhig kichern, aber so lustig ist es eigentlich gar nicht. Es ist einfach so, dass ich Spaß an der Reglosigkeit habe, die meinem Körper aufgezwungen wird, wenn ich, sagen wir, den einen oder anderen kleinen Tisch oder auch ein halb gefülltes Glas Wasser auf meinem Kopf balanciere. Ob es mit der endlosen Suche nach wahrer Gelassenheit zu tun hat? Vielleicht. Ach was, na schön – ich bin durchgeknallt. Zugegebenermaßen ist es auch so, dass es mir Vergnügen bereitet, wenn ein argloses Mitglied meiner Familie das Zimmer betritt und mich beim Vollzug eines noch extremeren Balanceakts als gewöhnlich vorfindet.

Eines Vormittags also saß ich in der Küche, schaute mir irgendwelchen Unsinn im Fernsehen an und hoffte, Bridget würde bald hereinkommen. Ich freute mich schon auf die prickelnde Mischung aus Erheiterung und Genervtheit in ihrer Miene, wenn sie mein neuestes Balancekunststück zu Gesicht bekam. Ich will mich ja nicht selbst loben, aber diesmal drang ich wirklich zu neuen Horizonten vor. Auf meinem Kopf ruhte ein sehr großer Porzellanteller, und genau in der Mitte dieses äußerst kostspieligen Geschirrteils stand eine entkorkte, halb volle Flasche J. P. Chenet Cabernet Syrah.

Alles wäre in bester Ordnung gewesen, hätte ich nicht eine Verabredung vergessen gehabt, die ich ein paar Tage zuvor mit einem Handwerker namens Alec getroffen hatte, einem geschickten, schlichten Burschen, der in der Nähe wohnte. Er sollte an diesem Vormittag vorbeikommen und einen Kostenvoranschlag für das Anlegen einer Terrasse in dem Teil unseres Gartens machen, der vom Küchenfenster aus zu sehen ist. Als mir irgendeine Bewegung vor dem Fenster auffiel, drehte ich meine Augen in diese Richtung – natürlich mit äußerster Behutsamkeit, um meine Kopfmöblierung nicht aus der Balance zu bringen – und sah Alec, in der einen Hand die Messlatte, in der anderen ein Notizbuch, stocksteif dastehen und besorgt durchs Fenster in meine Richtung starren.

Es war einer dieser unendlichen Momente, Jeff. Als meine Augen sich weit genug gedreht hatten, um seinen zu begegnen, entstand ein wahrhaft surrealistischer Moment, ja eine Art surrealistisches Happening. Es war so, als ob George Ormerod, der Vater meiner Frau und ein lebenslanger Verfechter der Mäßigung, in der Erwartung, den Gemüselieferanten zu empfangen, seine Haustür geöffnet und sich stattdessen Salvador Dalí gegenübergesehen hätte, wie er auf der Matte stand, sich den Schnurrbart zwirbelte und Bilder von schmelzenden Uhren feilbot.

Nach zwei oder drei Sekunden wandte Alec sich abrupt ab und begann eifrig, irgendetwas zu vermessen, was er in seiner Nähe vorfand. Aber Du kannst Dir vorstellen, dass der Schaden bereits angerichtet war. Unsere Beziehung konnte nie wieder so sein wie vorher. Aus seiner Sicht hatte ich mich als Geistesgestörter entpuppt, der allein in Küchen herumsaß und unerklärlicherweise Teller und Weinflaschen auf dem Kopf balancierte. Aus meiner Sicht war Alec nun ein Mann, der bei jeder einzelnen Begegnung, die wir in Zukunft miteinander haben würden, an diese Offenbarung denken würde.

Weder Alec noch ich selbst brachten diesen Vorfall je zur Sprache. Doch jedes Wort, das wir von diesem Tag an miteinander wechselten, war überlagert und durchtränkt von einer stummen Konversation, die niemals wirklich stattfinden würde.

»Warum haben Sie in der Küche einen Teller und eine Weinflasche auf Ihrem Kopf balanciert? Warum haben Sie das getan? Warum?«

»Hören Sie, ich kann Ihnen versichern, dass ich nicht verrückt bin. Ich bin nicht verrückt, ich bin wirklich, wirklich, *wirklich* nicht verrückt. Mir ist klar, wie das ausgesehen hat. Es sah so aus, als wäre ich verrückt, aber das bin ich nicht. Ich habe diese Gegenstände auf meinem Kopf balanciert, weil – nun, weil – äh, weil ich das gern tue …«

»Also sind Sie verrückt.«

Nein, dieses Gespräch würde definitiv niemals stattfinden. Wann immer ich daran denke, könnte ich vergehen vor Peinlichkeit.

Interessanterweise war ein wesentliches negatives Merkmal der Stresserkrankung, die ich in einem früheren Brief erwähnt habe, dass mir in scheinbar unwichtigen Bereichen wie beim Fallenlassen von Abfall der Sinn für Peinlichkeit abhandenkam. Ich war dazu erzogen worden, dergleichen (wie auch solche Ungeheuerlichkeiten wie das hörbare Entweichen eines Darmwindes) als eine Sünde zu betrachten, die fast auf derselben Stufe stand wie Brandstiftung oder bewaffneter Raubüberfall. Kleine Kinder sind ja irgendwie imstande, diese unverhältnismäßige Verteilung der moralischen Gewichte zu akzeptieren und zu verinnerlichen. Ich weiß noch, wie ich einmal von einer Unterstufenschulklasse las, die aufgefordert wurde, die schlimmsten Verbrechen aufzulisten, die man begehen kann. Eines der Kinder hatte »Mord« an die erste Stelle der Liste gesetzt, gefolgt auf dem zweiten Platz von »Rennen in den Korridoren«. Wenn man älter wird, übernimmt natürlich der gesunde Menschenverstand das Ruder, aber das innere Kind löst sich nie ganz von diesen Wertungsrastern. Infolgedessen war ich mit sechsunddreißig Jahren selbst in meinem verheerenden Zustand entsetzt, als ich merkte, dass ich ein Bonbonpapier auf den Boden werfen konnte, ohne irgendwelche Schuldgefühle oder Scham zu empfinden. So geringfügig das auch im Vergleich mit manchen anderen Dingen, die ich anstellte, erscheinen mochte (eines Tages werde ich Dir davon erzählen, Jeff), war dies für mich doch ein vielsagender Maßstab für die Kluft zwischen der Person, die ich gewesen war, und der entwurzelten Persönlichkeit, die meine Mitmenschen nun in ihrer Nähe ertragen mussten.

Unter dem Strich denke ich, Jeff, dass der Sinn für Peinlichkeiten – von Verrückten, die in Umkleidekabinen randalieren oder Sachen auf ihrem Kopf balancieren, einmal abgesehen – ein notwendiges Element des Zusammenlebens in einer Gemeinschaft ist, eine Bremse oder Schwelle für Verhaltensweisen, die nicht angemessen oder nützlich sind. Aus irgendeinem Psychologiekurs, den ich vor einer Million Jahren einmal belegt habe, glaube ich mich zu erinnern, dass das Peinlichkeitsgefühl als Produkt von Rollenkonflikten betrachtet wird. Mit anderen Worten, es tritt dann ein, wenn eine oder beide Seiten einer Beziehung die Rolle, die bislang für Stabilität oder Frieden gesorgt hat, vernachlässigen oder bewusst aus ihr heraustreten.

Vielleicht bekommen wir ja eines Tages die Gelegenheit, Adam und Eva zu treffen. Zu dieser Frage gibt es unterschiedliche Meinungen, aber falls ja, vermute ich, dass die beiden manches Faszinierende zu diesem Thema zu sagen hätten. Was meinst Du?

Gott segne Dich,
Adrian

ACHTZEHN

Lieber Adrian,
danke für Deinen Brief. Dein erschütterndes Bekenntnis bezüglich Deines Hobbys, Gegenstände auf Deinem Kopf zu balancieren, brachte mich nicht nur zum Lachen (und dazu, es auch selbst mit einer kleinen Tischlampe auszuprobieren, die ich sowieso nie mochte), sondern hat mir auch Mut gemacht, von einem qualvollen Vorfall aus meinem eigenen vertrottelten kleinen Leben zu erzählen. Dieses Erlebnis ist bisher nie irgendwo im Druck erschienen, und ich habe erst vor Kurzem angefangen, in der Öffentlichkeit darüber zu reden. Mach Dich auf etwas gefasst, Adrian, denn bei den wenigen Gelegenheiten, bei denen ich diese Episode bisher erwähnt habe, bestand die Reaktion der Leute darin, mich mit jener naserümpfenden Miene anzustarren, die man sonst für Leute reserviert, die in der Öffentlichkeit einen üblen Geruch verursachen.

Um Dich schonend darauf vorzubereiten, lass mich erst einmal von dem zweiten Platz auf der Liste der größten Patzer meines Lebens erzählen. Der trug sich auf einer dieser christlichen Veranstaltungen zu, bei denen man in Chalets untergebracht ist (manchmal glaube ich, in der Hölle gibt es auch Chalets). Unsere Familie war damals noch viel jünger. Kay, Kelly und Richard schliefen fest, während ich mitten in der Nacht zu einem dieser frühmorgendlichen Gebetstreffen aufstehen musste (Du weißt schon, diese Veranstaltungen, zu denen wir uns aus dem Bett hieven und eine halbe

Stunde lang in einem warmen Zimmer sitzen, gegen den Schlaf ankämpfen und alle paar Minuten »mmmm« und »Amen« murmeln, um unseren Leidensgenossen zu verstehen zu geben, dass wir immer noch halb bei Bewusstsein sind). In einem Augenblick geistiger Umnachtung beschloss ich, nackt von unserem Zimmer hinüber ins Bad zu hüpfen. Ich wollte keinen Morgenmantel mit in die feucht-schwüle Nasszelle nehmen und zog es daher vor, den kurzen Weg durch das Wohnzimmer (von dem aus die Haustür direkt ins Freie führte) in gänzlich unbekleidetem Zustand zurückzulegen.

Ich war auf halbem Weg durchs Zimmer, als ich plötzlich das schreckenerregende Klappern eines Schlüssels in der Haustür hörte und mir klar wurde, dass jemand dabei war, hereinzukommen. Es war die Putzfrau. Die Tür schwang weit auf, und eine gut gelaunte Dame steckte breit lächelnd ihren Kopf herein. Ich blieb wie angewurzelt stehen – ein splitterfasernackter Christ, der nicht einmal ein Taschentestament bei sich hatte, um die Schicklichkeit zu wahren. Und dann passierte etwas ganz Seltsames, Adrian. Sie sah mir direkt in die Augen (wofür ich ungemein dankbar war) und schien dann so zu tun, als wäre alles in bester Ordnung. Ich hätte mit einem erschrockenen Aufschrei gerechnet, mit einem verlegenen Gemurmel, sie werde später wiederkommen, gefolgt von einem hastigen Rückzug, ja selbst mit dem einen oder anderen Schimpfwort und dem Vorwurf, ich sei ein perverser Lustmolch, aber nichts dergleichen geschah. Stattdessen tat sie so, als gehörte es zu ihrem ganz normalen Tagesablauf, mit wildfremden nackten Männern zu plaudern, und stellte mir dann eine völlig unerwartete Frage:

»Möchten Sie, dass ich Ihren Teppich sauge?«

Darob war ich so verdattert, dass ich mich im Zimmer umsah, um festzustellen, ob der Teppichboden tatsächlich der Aufmerksamkeit eines Staubsaugers bedurfte. Mein wilder Drang, einen Hechtsprung über den Küchentresen zu machen und mir einen Bratenwender zu greifen, mit dem ich meine Blöße bedecken konnte, verschwand. Sie behandelte mich ganz normal; also tat auch ich so, als ob an unserem völlig bizarren Gespräch überhaupt nichts Ungewöhnliches wäre. Erst einige Augenblicke später, nachdem sie mir einen guten Tag gewünscht hatte und gegangen war, ließ mir die Situation den Schweiß der Verlegenheit ausbrechen.

Doch dies verblasst zur Bedeutungslosigkeit, verglichen mit dem, was ich Dir jetzt berichten werde, Adrian. Die fragliche Episode hat keinerlei Erheiterungswert, und sie war auch zu dem Zeitpunkt gar nicht peinlich. Erst bei der Erinnerung daran komme ich mir unendlich merkwürdig vor, ja wie eine Monstrosität.

Ich habe schon von meinem Vater gesprochen. Er und meine Mutter waren gute, schwer arbeitende Eltern, die unglaublich viel zu tun hatten. Vielleicht war es eine Sache der Generation (der Vater meines Vaters war ein liebenswürdiger, aber sehr ernster viktorianischer Typ), aber viel geredet wurde bei uns nicht, als ich heranwuchs. Mein Bruder ging von zu Hause weg und wanderte aus, als ich zwölf war, sodass ich von diesem Zeitpunkt an praktisch ein Einzelkind war. Ich weiß noch, dass ich ein geradezu körperliches Gefühl der Einsamkeit verspürte. In der Schule hatte ich ein paar gute Freunde, aber ich kam mir trotzdem immer vor wie ein Außenseiter und stand Tag für Tag unter dem schrecklichen Druck, Leistung zu bringen und mich anzupassen. Vor mir lagen Jahre als angstgetriebener Teenager, der auf Partys immer als Erster sturzbetrunken sein würde, weil er sich eine Mischung aus Whisky, Gin und Wodka in ein Wasserglas goss und innerhalb weniger Sekunden hinunterstürzte. Das machte mich beinahe auf der Stelle kampfunfähig, und mir wurde speiübel. Wenn ich heute daran zurückdenke, staune ich, dass mich die Alkoholvergiftungen nicht umgebracht haben.

Aber zurück zu mir als ungefähr achtjährigem Jungen. Ich erinnere mich an den Tag, an dem in unser Haus eingebrochen wurde. Es war eine total chaotische Szene. Schubladen waren herausgezogen, ihr Inhalt überall in den Zimmern verstreut. Möbel waren umgestürzt und Vasen und kitschiger Zierrat umgekippt. Seltsamerweise war überhaupt nichts mitgenommen worden. Es sah alles danach aus, dass die Diebe nach etwas Wertvollem gesucht, aber aufgegeben hatten, nachdem sie unser ganzes Zeug durchwühlt hatten. Dann waren sie geflohen. Die Polizei wurde gerufen, und da ich derjenige gewesen war, der den Einbruch entdeckt hatte, musste ich eine Aussage machen. Wenn ich heute daran zurückdenke, rätsele ich über den freundlichen Wachtmeister, der sich geduldig Notizen machte, während ich ihm von meinem Schock erzählte, als ich heruntergekommen war und das Durcheinander entdeckt hatte. Ich glaube, er wusste, wer der Einbrecher war.

Ich glaube, er wusste, dass der Hauptverdächtige Jeff hieß.

Ich war es, Adrian.

Ich richtete ein heilloses Durcheinander in meinem eigenen Haus an. Ich inszenierte einen vorgetäuschten Einbruch.

Ich lechzte so verzweifelt danach, dass jemand einfach nur Notiz von mir nahm, mit mir redete, dass ich zu dem Mittel griff, mein eigenes Zuhause in einen Verbrechensschauplatz zu verwandeln. Nach meiner Erinnerung verbrachte ich eine gute halbe Stunde mit diesem geduldigen Wachtmeister. Er hörte mir aufmerksam zu, während ich mir eine Beschreibung des nicht existierenden Mannes ausdachte, den ich »gesehen« hatte, als er aus unserem Haus gerannt war. Ich glaube, ich muss wohl bei meinem Phantombild ziemlich fantasievoll zu Werke gegangen sein. Immerhin versuchte ich ihm nicht aufzubinden, dieser fiktive Verbrecher hätte einen gestreiften Pulli und eine Banditenmaske getragen und einen Sack mit der Aufschrift »Beute« auf der Schulter gehabt.

Ich bin fast sicher, dass der Polizist Bescheid wusste. Aber wundersamerweise hörte er sich meine ausgedachten Geschichten an, versicherte mir, ich sei nicht in Gefahr, der Einbrecher werde vermutlich nicht wiederkommen, da er ja nichts Wertvolles gefunden habe, und nahm sich reichlich Zeit für mich. Diese Bagatellstraftat ist offiziell vermutlich bis heute ein ungelöster Fall, Adrian. Vielleicht machte sich der freundliche Wachtmeister, weil er ohnehin Bescheid wusste, gar nicht erst die Mühe, einen Bericht abzufassen. Hätte er es getan, so hätte ich möglicherweise Schwierigkeiten wegen Verursachung eines ungerechtfertigten Polizeieinsatzes bekommen.

Die staubsaugende Putzfrau und der Ortspolizist taten beide das gleiche. In abnormalen Situationen – bei der Begegnung mit einem nackten Kerl und einem schrecklich einsamen Jungen – behandelten sie mich als normal. Sie versuchten nicht, mich zurechtzuweisen oder in die Spur zu bringen.

Manchmal wünschte ich mir, wir Christen würden es öfter genauso machen. Mag ja sein, dass es in bester Absicht geschieht, aber wir Nachfolger Jesu haben manchmal den Hang, uns in alles einzumischen und alle Leute in die Spur zu bringen. Wir (die wir doch selbst völlig aus der Spur sind) sind oft schnell mit »Antworten« bei der Hand, die kaum mehr sind als Slogans. Statt den Mund zu halten und einfach nur zuzuhören, müssen wir unbedingt allen unsere manchmal albernen Lösungen andrehen. Ich beobachte das in tragischen wie in trivialen Zusammenhängen. Zuerst ein Beispiel aus dem tragischen Bereich: Erst gestern habe ich ein äußerst liebenswertes Ehepaar kennengelernt, das letztes Jahr seinen fünfzehnjährigen Sohn durch einen Hirntumor verlor. Natürlich haben sie fürchterlich unter seinem Tod gelitten, aber sie gestanden mir, dass es manchmal noch schlimmer wurde durch die »hilfreichen« Kommentare von Christen, die sich aufdrängten, um ihnen grob die Tränen abzuwischen und ihnen mit Antworten, die gar keine Antworten waren, ihr Leben wieder ins Lot zu bringen.

Ihnen wurde gesagt, sie müssten nur Jesus vertrauen, dem, der gibt und nimmt und der deshalb auch derjenige gewesen sei, der ihnen ihren Jungen genommen habe. Aber Jesus hat ihnen ihren Jungen nicht »genommen«, oder? Er macht sich nicht den Tod zunutze, um Leute zu kidnappen, damit er ein bisschen mehr Gesellschaft im Himmel hat. Es war der Krebs, ein bösartiger Tumor, der ihnen ihren Jungen nahm. Manche Leute sagten ihnen, sie sollten sich freuen, weil ihr lieber Junge nun bei Jesus sei. Aber das ist doch genau das Problem, nicht wahr? Sie wollen ja nicht, dass ihr Junge bei Jesus oder sonst wo ist, so palastartig die Unterkunft auch sein mag; sie wollen, dass er bei *ihnen* ist. Dann ist da noch der Spruch, es sei »seine Zeit« gewesen, so, als wäre Gott der Mann von der Kartrennbahn, der einen herauswinkt, wenn er findet, man hätte jetzt mehr als genug Spaß gehabt. Aber der Gedanke »seine Zeit war gekommen« will einem auf der Beerdigung eines Fünfzehnjährigen nicht so richtig einleuchten, oder? Frag die Eltern eines tot geborenen Kindes, und sie werden Dir sicher sagen, dass er ihnen noch weniger einleuchtet. Ihr sehnsüchtig erwarteter Liebling durfte noch nicht einmal zu seiner Runde starten. Wir können trauernden Eltern keinerlei Gründe liefern, die auch nur das Geringste daran ändern würden, wie niedergeschmettert sie sich fühlen. Von der wahnsinnig bescheuerten Idee, jemand wäre um des Glaubens oder mangelnden Glaubens eines anderen willen gestorben, will ich hier gar nicht erst anfangen. Das würde mir nur die Handschrift versauen, und dieser Brief würde noch mehr zu einer Tirade, als er es schon ist.

Und jetzt kommt ein Beispiel aus dem ganz und gar trivialen Bereich.

Ich bin bei Facebook, dem sozialen Netzwerk, in dem Leute sich gegenseitig mitteilen können, dass sie gleich spazieren gehen oder Verstopfung haben oder was sie sonst noch an umwerfend nichtssagenden Bekanntmachungen zu bieten haben. Kürzlich machte ich auf meiner Facebook-Seite einen kleinen Scherz über Möwen. Ich sprach gerade auf einer Veranstaltung, wo es genug lautstark schreiende Möwen gab, um Hitchcocks *Die Vögel* mit Statisten zu versorgen, und sie sahen auch genauso bösartig aus. Nachdem ich fast drei Wochen in ihrer schrillen Gesellschaft verbracht hatte, schrieb ich am Tag meiner Abreise einen nicht ernst gemeinten Kommentar:

Jeff denkt daran, den Möwen ein kleines Andenken zu hinterlassen. Zum Beispiel eine Handgranate.

Ehe ich mich versah, war meine Facebook-Seite voll mit getwitterten Einwänden von Christen, die mich bestürmten, ich solle doch bitte bedenken, dass »Jesus die Möwen ebenso sehr liebt wie mich« (ein interessanter Gedanke, auf den ich hier nicht näher eingehen will, aber das heißt dann ja wohl, dass unser Herr ebenso große Zuneigung zu Tsetsefliegen, menschenfressenden Anacondas und zu dem Hähnchen verspürt, das ich gestern zu Mittag verspeist habe), und mich aufriefen, für meine Anti-Möwen-Kommentare Buße zu tun. All das bestätigt nicht nur meinen Verdacht, dass manchen Christen die Humordrüse herausoperiert wurde, sondern es weckt auch die Sorge in mir, dass jederzeit, sobald wir etwas Verdächtiges von uns geben, die Glaubensbrigade mit Blaulicht und quietschenden Reifen um die Ecke gerast kommen kann, um uns alle mit tonnenweise Korrekturflüssigkeit zu bespritzen.

Ich weiß, die Bibel fordert uns auf, uns gegenseitig auf Dinge hinzuweisen und sogar zu ermahnen, damit wir uns nicht in üble, Leben zerstörende Sünden verstricken. Aber das kann ja wohl nicht heißen, dass wir jeden neuen Tag als Gelegenheit auffassen sollen, herumzulaufen und uns Leute zu suchen, die wir auf den Pott setzen können. Manchmal wird es ja wohl auch reichen, jemandem ein beruhigendes Lächeln zu schenken oder einfach nur zuzuhören, damit wir andere Leute nicht zu Souffleuren am Bühnenrand degradieren, die uns nur die Stichworte zuwerfen, damit wir unseren Mund aufmachen und uns selber reden hören können. Okay, das soll für heute reichen.

Liebe Grüße,

Jeff

NEUNZEHN

Hallo Jeff,
kennst Du die Fernsehsendung *The Secret Millionaire*? Ich glaube, in den meisten Ländern gibt es inzwischen eigene Versionen davon. In jeder Episode begibt sich ein Multimillionär für ein paar Wochen inkognito in eine arme Gegend, um am Ende seines Aufenthaltes große Geldbeträge für unterstützenswerte Projekte zu spenden. Natürlich muss man sich irgendeine Ausrede für die Kamera einfallen lassen, aber das scheint nie ein großes Problem zu sein. Einmal abgesehen von dem unbehaglichen Bewusstsein, dass meine Emotionen vermutlich von den Machern der Sendung sehr geschickt manipuliert werden, finde ich es immer wieder sehr bewegend, mir das anzuschauen. Die vorgestellten Projekte und Unternehmungen werden durchweg von aufrichtigen, bescheidenen Leuten geführt, die viel Arbeit leisten, um in äußerst schwierigen Umständen etwas Gutes zu bewirken, und ihre Verblüffung, wenn sie dann am Ende einen so riesigen und unerwarteten warmen finanziellen Regen abbekommen, scheint nicht vorgetäuscht zu sein.

Als ich mir gestern Abend die neueste Folge der Serie anschaute, wurden am Ende der Sendung ein paar Worte gesagt, die mich sehr heftig trafen. Sie kamen von einem von zwei Männern, die in Nordirland einen Boxklub für Jungen betreiben, die sonst vielleicht auf den Straßen von Belfast allen möglichen Unfug anstellen würden. Als dieser Mann einen Scheck überreicht bekam, der es möglich machen würde, ein neues und passenderes Quartier für den Klub zu finden, schaute er mit einem Ausdruck schockierter Verständnislosigkeit in die Kamera und sagte Folgendes:

»Man denkt, man wäre allein – aber das ist man nicht!«

Das ist mir seither nicht mehr aus dem Kopf gegangen. Besonders die Tatsache, dass dieser Mann genau das erlebt hat, wonach so viele Christen (und Nichtchristen) sich sehnen. Ich meine nicht unbedingt den Geldsegen, sondern das verblüffend unmittelbare Eingreifen Gottes in ihrem Leben, das ihnen beweist, dass sie nicht allein sind, dass er Anteil nimmt und dass er wirklich ihre Situation entscheidend verändern kann. Es ist ein bisschen so wie bei dem Polizisten, von dem Du erzählt hast, der Dir in einem Moment, in dem du es wirklich nötig hattest, so großzügig Gnade statt Gesetz hat zuteilwerden lassen.

Die Erfahrung lehrt, dass man mich, würde ich das öffentlich sagen, ganz schnell am Schlafittchen packen und daran erinnern oder darüber informieren würde, dass dies doch genau das ist, was Gott tut, wenn Männer und Frauen Jesus in ihr Leben einladen. Also wovon rede ich da überhaupt? Nun, man kann sagen, was man will, aber ganz so einfach ist es in Wirklichkeit nicht, oder? Angenommen, jemand würde Dir oder mir die folgende ganz einfache Frage stellen:

»Was soll ich erwarten, das passieren wird, wenn ich Christ werde? Was wird Gott dann konkret tun? Was werde ich fühlen? Was wird sich verändern?«

Wenn ich an die Christen denke, die ich kennengelernt habe, und an die Geschichten, die sie mir freundlicherweise erzählt haben, muss ich akzeptieren, dass es auf diese Frage alle möglichen verschiedenen Antworten gibt. Ein paar Beispiele.

Nichts. Das ist es, was einer ganzen Menge Leuten passiert. Jesus deutet im Gleichnis vom verlorenen Sohn an, der Vater werde seine Söhne und Töchter, die nach Hause zurückkehren, in die Arme schließen, sie mit Geschenken überhäufen und ein großes Fest veranstalten, um ihre Heimkehr zu feiern. Und dennoch haben viele Leute, die sich Christen nennen, nie eine solche explosive Begegnung erlebt. Sie haben nichts erlebt. Überhaupt nichts. Abgesehen von der kleinen Nebensächlichkeit, dass sie, was das eigentlich Wichtigste ist, ewiges Leben und vollkommene Vergebung bekommen haben, gibt es keine konkreten Anzeichen, die darauf hindeuten, dass Gott nun in ihrem Leben mehr oder weniger gegenwärtig ist, als es der Fall war, bevor sie das Gebet gesprochen oder ihre Entscheidung getroffen haben. Zwei oder drei Generationen nervöser Prediger und Evangelisten haben es fertiggebracht, diesen Mangel irgendwie in eine Tugend zu verwandeln.

»Ihr braucht euch keine Sorgen zu machen«, plappern sie optimistisch. »Das ist eigentlich etwas Gutes. Wisst ihr, es gibt eine ganze Menge Leute, die zu diesem Zeitpunkt nicht wirklich etwas spüren. Auf den Glauben kommt es an. Vertraut Gott, und die Zukunft wird euch alle möglichen Segnungen bringen. Macht einen Schritt ins Ungewisse. Auf der anderen Seite scheint helles Licht. Ihr werdet sehen!«

Manchmal trifft diese Vorhersage absolut zu. Die Zukunft bringt echte, wahrnehmbare Segnungen. Manchmal aber kommt es nicht so. Woran liegt das? Wer eine Antwort weiß, schicke mir bitte eine Postkarte.

Bei anderen Neubekehrten ist es so, dass *alle* erdenklichen Segnungen eintreffen. Sie reden in Zungen. Sie prophezeien. Sie spüren auf überwältigende Weise, dass Gott bei ihnen ist und ihnen Leib und Seele mit einer Erkenntnis seiner Liebe und Fürsorge ausfüllt. Sie fallen auf der Straße nach Damaskus von ihren Pferden, hören Jesus zu ihnen sprechen, werden blind, werden geheilt und verkündigen schließlich das Evangelium unter allen Völkern. Ich habe einen Freund, einst ein furchterregend gefährlicher, gewalttätiger Mann, der in der Zelle seines Hochsicherheitsgefängnisses niederkniete und Gott bat, sein Leben zu verändern. In diesem Moment und von diesem Tag an war sein Leben völlig verwandelt. Er war ein neuer Mensch. Ein wunderbares, altmodisches Wellblechkapellenwunder. Fantastisch für diejenigen, die ihr christliches Leben mit so einer dramatischen Begegnung beginnen können. Verwirrend und ein bisschen einschüchternd für diejenigen, denen es nicht so geht.

Manche Leute würden bestreiten, dass sie je eine erkennbare geistliche Startlinie überschritten haben. Vielleicht sind sie in einer christlichen Familie aufgewachsen, wo Nachfolge Jesu so natürlich und unvermeidlich war wie Atmen, und in den meisten Fällen scheint ihr Glaube deswegen nicht weniger echt zu sein.

Mindestens zwei Leute, die ich kenne, sind vor allem aus Furcht Christen geworden. Ich hoffe und bete, dass sie später noch etwas von der Liebe erfahren haben, die so tapfer gekämpft hat, um uns das Grauen davor zu nehmen, im Universum verloren zu sein, aber es gibt keinen Zweifel, dass es zunächst einmal die Drohung der Hölle war, die diese Leute zur Buße brachte. Im Grunde ist das kein Problem, denke ich. Jesus hat sich ja sehr deutlich zu diesem Thema geäußert. Wenn so wenige Leute sich für die gute Nachricht begeistern können, liegt es vielleicht auch daran, dass ihnen niemand geholfen hat, die schlechte Nachricht zu begreifen. Ich weiß, die Vorstellung der Hölle ist in manchen Kreisen der Gemeinde heutzutage nicht sehr in Mode, Jeff, aber ich würde denen, die so denken, bei allem Respekt nahelegen, sich zu vergewissern, ob Gott auch mit dem modernen theologischen Denken Schritt halten konnte. Er ist bisweilen ein bisschen langsam und unbelehrbar.

Ich habe nur vier Möglichkeiten für diejenigen erwähnt, die wissen möchten, wie Gott sie begrüßen wird, wenn sie sich ihm zuwenden. Es gibt noch viele, viele andere. Warum diese Unterschiede? Warum gibt Gott nicht an alle Neubekehrten ein identisches emotionales und geistliches Starterpaket heraus, damit sie wenigstens wissen, dass sie auf der richtigen Spur sind? Ich drücke mich lieber vor der Aufgabe, eine so schwierige Frage zu beantworten, und kann nur ein paar Gedanken dazu anbieten, Jeff. Mich würde sehr interessieren, wie Du über diese Dinge denkst.

Als Erstes möchte ich zu bedenken geben, dass manche Bekehrungen, wie schon in einem früheren Brief angedeutet, überhaupt keine Bekehrungen sind. Einer meiner Lieblingsschriftsteller ist Paul Tournier, ein schweizerischer Arzt, der viele Jahre lang Christen mit Problemen beraten hat. Wenn man die Welt seiner entspannten, barmherzigen Weisheit betritt, ist das so, wie wenn man sich am Ende eines anstrengenden Tages in eine sanft sprudelnde Badewanne gleiten lässt. Einem seiner Patienten erklärte er ruhig, höchstwahrscheinlich sei die Art und Weise seiner sogenannten Bekehrung die Ursache dafür, dass das allgemeine Wachstum und besonders die Entwicklung eines inneren Friedens in seinem Leben erstickt wurde. Evangelikalen Christen fällt es natürlich sehr schwer, solche Dinge zu akzeptieren. Die Bekehrung ist ein wesentlicher Bestandteil des Gesamtpakets »Christsein«. Deshalb kommt es einem fast wie eine Art Lästerung vor, die Gültigkeit eines solchen heiligen Ereignisses auch nur infrage zu stellen. Doch wie wir alle wissen, ist das Leben einfach nicht so. Zum Beispiel wird manchen heimkehrenden verlorenen Söhnen schon lange bevor sie beim

Vater ankommen der Weg abgeschnitten. Die folgenden Worte habe ich schon vor vielen Jahren geschrieben:

Der verlorene Sohn gibt seinen Job bei den Schweinen auf, genau wie in dem Gleichnis, und macht sich auf den Weg nach Hause zu seinem Vater. Der Gedanke an den Empfang, der ihm blüht, macht ihn zwar etwas nervös, aber er ist trotzdem entschlossen zu gehen. Kurz nachdem er aufgebrochen ist, wird er unterwegs von einem begeisterten, aber irregeführten Menschen angesprochen, der lediglich eine verzerrte Schilderung von der Vergebungsbereitschaft des Vaters gehört hat. Dieser Mann glaubt zwar nicht *ganz* an das, was er gehört hat, aber bildet sich ein, es zu glauben, und er wird froh sein, nicht mehr allein auf dem Weg zu sein.

»Hallo!«, begrüßt er den bußfertigen Wanderer. »Gute Neuigkeiten – dir ist vergeben worden!«

»Super«, sagt der verlorene Sohn.

»Hier, warte«, sagt der Irregeführte und legt dem Jungen einen imaginären Umhang um die Schultern. Er steckt ihm pantomimisch einen Ring an den Finger. Dann setzen sie sich gemeinsam hin und verspeisen mit unsichtbaren Messern und Gabeln ein nicht existierendes Mastkalb.

»Ist das nicht wunderbar?«, schwärmt er.

»Oh ja!«, erwidert der verlorene Sohn, der außerordentlich erleichtert ist, auf so unpersönliche und schmerzlose Weise Vergebung zu erlangen. »Ja, das ist es!«

Von nun an treffen sie sich regelmäßig zu ihren Pantomimensitzungen. Eine Gruppe entsteht. Alle entwickeln eine große Kunstfertigkeit in der Pantomime. Die Zeit vergeht. Schließlich fühlt sich unser Held gedrängt, etwas anzusprechen, was ihn zunehmend beunruhigt.

»Der, äh … der Umhang, der Ring und das Kalb – die sind nicht wirklich da, oder?«

Sogleich wird er für seinen mangelnden Glauben getadelt und zurechtgewiesen. Wie kann er es wagen, den anderen das Spiel zu verderben. Er fühlt sich schuldig und unglücklich. Sein gesunder Menschenverstand sagt ihm, dass diese Dinge nicht wirklich da sind, und er hat auch nicht wirklich das Gefühl, Vergebung bekommen zu haben. Eine entscheidende Frage. Wo ist der Vater?

Letzten Endes gibt er sich entweder mit dem unbehaglichen Halbleben der sich endlos wiederholenden Pantomimesitzungen zufrieden, oder er geht zurück zu den Schweinen, oder er lässt, falls er noch einen Rest Verstand besitzt und sich Rat bei jemandem wie Paul Tournier geholt hat, seinen Pantomimenlehrer zurück, macht sich wieder auf den Weg und riskiert eine echte Begegnung mit seinem Vater, der mit einem echten Umhang, einem echten Ring und einem echten Mastkalb schon sehnsüchtig auf ihn wartet.

Und mit echter Vergebung …

Falls es so scheint, als wäre dieses Szenario weit hergeholt und nicht wirklich auf die Kirche anwendbar, lohnt es sich, daran zu erinnern, dass die »Sailors' Society« (ehemals »The British and International Sailors Society«) im neunzehnten Jahrhundert entstand, nachdem einer ihrer Gründer vor einer Kirche ein Schild mit der Aufschrift »Keine Seeleute oder Prostituierte« entdeckt hatte. Als weltweite Gemeinde tragen wir bis heute an dem Vermächtnis der Intoleranz und des Pharisäertums, das uns diese hochnäsig-respektablen kleinen Pantomimenvereine hinterlassen haben. Und schlimmer noch, wir lassen zu, dass sie von Neuem entstehen. Der Unterschied ist natürlich, dass die neuen Vereine bewusst oder unbewusst die Kunst, geisterfülltes Christsein zu mimen, so aus dem Effeff gemeistert haben, dass es fast unmöglich ist, das Echte vom Falschen zu unterscheiden.

Daraus ergibt sich eine Überlegung. Es bedeutet eigentlich überhaupt nichts, irgendeinem Erlebnis das Etikett »Bekehrung« aufzukleben. Man kann das Etikett auch wieder abziehen. Vielleicht muss man das sogar. Gott wird Dir dabei helfen. Möglich, dass es Dir hinterher ein ganzes Stück besser geht.

Dann ist da die ganze Sache mit den individuellen Unterschieden. Vor ein paar Monaten machte ich einmal den Fehler, mir im Fernsehen einen dieser Föhnfrisurenevangelisten anzuschauen, die auf ihrer Bühne auf und ab stolzieren und die banalsten geistlichen Wahrheiten hinausposaunen, als ob sie noch gar nicht in der Bibel gestanden hätten, bis sie letzten Dienstag von ihnen entdeckt wurden. Und die lange, dramatische Pausen machen, die überhaupt nichts bedeuten oder bewirken, außer das Publikum zum Applaus zu nötigen. Und die ihre willfährigen Zuhörer dazu bringen, sich gegenseitig elende kleine unausgegorene Mantras zuzusprechen, als wären sie Papageien. Und die – ach, lass mich bloß nicht in Fahrt kommen!

Also, dieser gewisse Vertreter dieser Gattung sagte etwas, was mich den Drang verspüren ließ, durch die Mattscheibe zu springen und ihn mit seiner eigenen italienischen Seidenkrawatte zu strangulieren – nur um ihm zu zeigen, dass ich mehr von der Liebe Gottes verstehe als er, wenn Du verstehst, was ich meine. Dies waren seine Worte, vorgetragen in dem feierlichen, salbungsvoll-pädagogischen, an Margaret Thatcher erinnernden Tonfall eines Mannes, der uns etwas zu unserem eigenen Besten sagt, auch wenn es uns nicht gefallen mag:

»Das Einzige an dir, was Gott liebt, ist Jesus …«

Was für eine grauenhafte Aussage. Was für eine traurige, unerklärliche Verleugnung von allem, was uns das Leben und die Bibel über Gottes ganz individuelle, fürsorgliche Beziehungen zu seinen Menschen lehren. Der verlorene Sohn. Petrus. Johannes. Kornelius. David. Jona. Jakob. Elia. Ich. Du. Brenda. Malcolm. Man müsste die Liste fortsetzen, bis jeder Einzelne genannt ist, der in der gesamten Weltgeschichte je mit dem lebendigen, liebenden, verwirrenden, verletzlichen Gott zu tun hatte.

Falls ich also je entdecken sollte, dass Jesus tatsächlich das Einzige ist, was Gott an mir liebt, werde ich mich vielleicht bei meinem hiesigen Wombat-Anbetungsverein anmelden und dort meine Erfüllung suchen. Ich glaube, ich habe schon in einem meiner letzten Briefe geschrieben, dass jeder von uns anders ist und dass diese Unterschiede, die von einem Gott, der aus Erfahrung genau weiß, wie es ist, ein Mensch zu sein, geliebt und respektiert werden, sich zwangsläufig auf die Art und Weise auswirken, wie wir die Einladung, die er an uns ausspricht, auffassen und wahrnehmen. So kann es bei Leuten, die in Beziehungen zu Leuten, die sich eigentlich liebevoll um sie hätten kümmern sollen, tief verletzt und verraten wurden, viele Jahre oder vielleicht ein ganzes Leben lang dauern, bis der Prozess der Wiedergeburt abgeschlossen ist. Wie wir alle wissen, gibt es in jeder Gemeinde so ein kleines Kontingent dieser Leute, die es offensichtlich nie so ganz hinkriegen, dass sich bei ihnen geistlich »etwas tut«, so wie es allgemein erwartet wird. Jeff, wann merken wir endlich, dass diese Leute keineswegs nur Warzen auf dem Leib Christi sind? Sie sind keine schlechten Zeugnisse für das, was wir glauben. Sie mögen schwierig sein, sie mögen manchmal lästig sein, aber sie *sind* der Leib Christi.

Die Hausierer mit den schnellen Antworten können darüber sagen, was sie wollen. Übernatürliche Veränderungen gibt es manchmal, aber Tatsache bleibt doch, dass viele Christen innerlich so zerbrochen sind durch negative Umstände und erlittene Grausamkeiten, dass sie nur durch jahrelange Zuwendung von Liebe, Aufmerksamkeit und praktischer Unterstützung von den Christen überleben können, die das Glück haben, ein bisschen Stabilität und Nächstenliebe übrig zu haben, um sie an andere abzugeben. Und wenn wir ehrlich sind, kann es sein, dass sie immer weiter abgeben müssen, bis zu dem Moment, wo die beiden Arm in Arm als Gleichgestellte durch das Himmelstor schreiten und Jesus ihnen beiden lächelnd dazu gratuliert, dass sie es geschafft haben.

Das ist also der zweite Gedanke. Individuelle Unterschiede. Sie können den ganzen Unterschied ausmachen.

Ich könnte noch endlos weitermachen, aber es würde nur noch langweiliger werden. Und letzten Endes muss ich natürlich zugeben, dass ich nicht eingeweiht bin darüber, was Gott dazu motiviert, zuzulassen, dass diejenigen, die sich nach seiner Liebe ausstrecken, ihn auf so bunte und gegensätzliche Weise erleben. Wer weiß schon, was hinter den Kulissen vor sich geht? Wer weiß, welche Schlachten geschlagen, welche teuflischen Manöver vereitelt, welche Dunkelheiten vertrieben werden müssen, damit Emily Dunworthy aus der Dibley Road Nr. 16 in Penge zu dem Punkt kommt, wo sie meint, sie hätte vielleicht so ein Gefühl gehabt, sie könnte möglicherweise eine leise Ahnung von der Wirklichkeit Gottes empfunden haben?

Ich habe den Verdacht, der Heilige Geist ist ein göttlicher Opportunist, wenn es darum geht, diejenigen, denen seine Leidenschaft gilt, zu sich zu ziehen, und vielleicht ist das letzten Endes der wichtigste Gedanke. Wie auch immer wir zum Glauben gekommen sind, egal, wie enttäuschend unspektakulär oder aufregend dramatisch das Erlebnis gewesen sein mag, wir schauen in die richtige Richtung, wir sind in der richtigen Gesellschaft, und das Beste kommt noch.

Wie wird es kommen? Nun, ich schätze, der größte Frust, der an der ganzen Sache mit dem »Christwerden« dranhängt, ist genau der gleiche, den man auch erlebt, wenn man heiratet oder in ein neues Haus umzieht. Wie sorgfältig man eine Veränderung auch plant und sich darauf vorbereitet: Tatsache bleibt, dass es sehr wenig bedeutet, sein Leben mit einem anderen Menschen zu verbringen oder in einem noch unvertrauten Haus zu wohnen, solange man es nicht tatsächlich tut. Christsein ist kein Ereignis. Es ist ein Leben, eine Entscheidung, eine wirre, aber heilsame Verstrickung.

Jeff, mir ist die ganze Geschichte so unklar wie eh und je, aber die alte Glut der Begeisterung in mir ist nie erloschen, und sie bringt mich immer noch dazu, Nichtgläubigen und problembeladenen Gläubigen gleichermaßen mehr oder weniger dasselbe zu sagen, was dieser Mann in der Millionärssendung gesagt hat:

»Man denkt, man wäre allein – aber das ist man nicht!«

Gott segne Dich,

Adrian

ZWANZIG

Lieber Adrian,
okay, jetzt muss ich mich wirklich einmal beschweren. Mir scheint, bisher war unser Briefwechsel ein herzliches und angenehmes Erlebnis. Mag sein, dass wir uns manchen Ärger damit hätten einhandeln können, aber es war dennoch ein angeregter Austausch, zumindest für uns beide. Aber Dein letzter Brief hat das alles ruiniert! Adrian, was hast Du Dir dabei gedacht? Hast Du zu lange am schäumenden Harvey's-Fass gehangen?

Deine letzte Epistel mit ihrer Frage danach, warum es für manche Leute anscheinend tagtägliche Routine ist, theophanieartige Begegnungen mit dem Allmächtigen zu haben, während bei anderen wenig oder *gar nichts* zu passieren scheint, ist mir unter die Haut gegangen, hat mich gequält wie eine lästige Mücke, die in meinem rechten Ohr notzulanden versucht, und mir, seit ich den Brief gelesen habe, Hirn und Herz mit Beschlag belegt. Selbst meine morgendliche Dusche, wo ich normalerweise völlig entspannt bin und manchmal sogar in schiefen Tönen zu Gottes Lobpreis singe (was er wahrscheinlich gar nicht so gerne hört – mein neues Album *Songs the Lord Rejected* kommt demnächst heraus und wird in einer geschmacklosen christlichen Buchhandlung in Deiner Nähe erhältlich sein), stand völlig im Zeichen Deiner Frage. Mein Gehirn drehte sich wie eine altersschwache Waschmaschine, in die jemand zwanzig Paar klatschnasser Jeans gestopft hat.

Natürlich hast Du absolut recht, das ist ja das Ärgerliche. Nicht dass ich etwas dagegen hätte, wenn Du recht hast, aber die unverblümte Deutlichkeit Deines Briefes, getarnt durch Deinen entwaffnenden Stil, der zu sagen scheint: *Ich sehe vielleicht manchmal aus wie ein tapsiger Trottel, aber hier hast Du eine Betäubungsgranate, mit der Du spielen kannst*, rückt ein sehr reales Problem ins Rampenlicht. In der Tat, warum ist es eigentlich so, dass manche Leute wenig oder gar nichts spüren, wenn sie zum Glauben an Christus kommen, während andere anscheinend Erfahrungen machen, die einem endlosen Feuerwerk gleichkommen?

Ich bekenne, dass ich für die ersten etwa zehn Jahre meines Lebens als Christ zur zweiten Kategorie gehörte. Im Rückblick bin ich noch heute überzeugt, dass viele der »Happenings« in meinem Leben echt waren und vom Himmel herkamen. Vielleicht brauchte ich ja den farbenfrohen Funkenregen der Goldfontänen, um auf Kurs zu bleiben. Grün hinter den Ohren, wie ich war, was geistliche Dinge angeht, war ich dankbar für die Zeiten, in denen das Handeln Gottes die Luft zum Knistern zu bringen schien. Natürlich löst das nicht das Problem für andere, die ein genauso starkes oder noch stärkeres Bedürfnis nach der Gewissheit und Zuversicht haben, die entsteht, wenn man merkt, dass Gott am Werk ist. Doch bei ihnen tut sich nichts, außer dass sich nichts tut.

Manche meiner »Erfahrungen« jedoch kamen, ehrlich gesagt, nicht durch das Wirken Gottes oder der Engel zustande, sondern waren lediglich die Frucht schlechter Lehre. Lass mich Dir ein paar Beispiele erzählen.

Mir ist beispielsweise ein bodenloser Unsinn über die Bedeutung der Bibel erzählt worden. Ein wohlmeinender Freund ließ mir ein Stück seiner »Weisheit« zuteilwerden, das sich als etwa so nützlich wie eine Strychnintablette erwies. Er sagte, wenn ich hören wollte, was Gott zu einer bestimmten Entscheidung zu sagen hatte, mit der ich gerade rang, würde ich Antworten dazu just in dem Bibelabschnitt finden, den ich sowieso gerade las. Wollte ich diesen Gedanken auf einer Flipchart darstellen, würde er etwa so aussehen:

1. Adrian und Bridget beten darüber, ob sie in eine andere Gegend umziehen sollen, möglicherweise nach Hull.
2. Adrian liest gerade das Buch Jona. Jona wird gesagt, er solle woanders hingehen, freilich nicht nach Hull, sondern nach Ninive. Adrian fragt sich, ob »Hull« auf Altassyrisch »Ninive« heißt oder ob es vielleicht ausreicht, woanders hinzugehen, einfach weil er liest, dass Jona gesagt wurde, er solle woanders hingehen. Bridget liest gerade den Epheserbrief, in dem keinerlei Rede von Hafenanlagen, Kabeljau, Tellermützen oder pürierten Erbsen ist, sodass er sie auch nicht weiterbringt.
3. Adrian ist verwirrt, weil Jona nicht nach Ninive will, ja sich sogar in die entgegengesetzte Richtung aufmacht, weil er Ninive so sehr hasst, während Adrian und Bridget Hull eigentlich ganz gerne mögen, besonders den kleinen Schnellimbiss unten am Hafen, wo es so vorzügliche hausgemachte Steak-and-Kidney-Pies gibt.
4. Des Weiteren bringt Jonas Schiffsreise Adrian durcheinander, denn als der Sturm hereinbricht, wird der widerspenstige Prophet über Bord geworfen und schaut sich nun den Schiffsrumpf (engl. hull) von unten an. Heißt das, alle Wege führen nach Hull?

Falls sich diese Schilderung absurd anhört, lass mich Dir mit glühend heißer Verlegenheit gestehen, dass ich selbst ein paar dieser inneren geistigen Dialoge geführt habe. Natürlich braucht es nur etwa eine Millisekunde, um zu erkennen, wie wenig plausibel diese lächerliche Vorstellung ist. Wenn ich über meine Berufswahl bete und zufällig gerade das Hohelied Salomos lese, werde ich dieses ganze Gerede von mosttriefenden Granatäpfeln vielleicht durchaus anregend finden. Aber auf dem Weg zu einer konkreten Entscheidung wird es mir nicht unbedingt sehr viel weiterhelfen. Ebenso bin ich zwar sicher, dass die ausdrücklichen Anweisungen zum Schlachten von Schafen im 3. Buch Mose für manche Leser absolut packend sind. Aber einem Vegetarier, der darüber nachdenkt, Gott in Übersee zu dienen, werden sie wohl eher weniger Aufschluss geben. Wie sich herausstellen sollte, hat mich dieser quacksalberische Ratschlag in fürchterliche Schwierigkeiten gebracht.

Er hätte mich fast meine Ehe gekostet. Ich hatte Kay kennengelernt, die ein begeistertes, für den Glauben brennendes junges Mädchen war. Als ich merkte, dass ich sie sehr mochte, hörte ich noch so ein christliches Ammenmärchen – nämlich das, es gebe nur eine einzige Person auf dem Planeten Erde, die Gott für mich ausersehen habe. Auch das ist eine ganz üble Vorstellung, die manche empfindsame Seele in den Zölibat treiben könnte, aus lauter Angst, womöglich die falsche Entscheidung zu treffen. Ich begann über diese Beziehung zu beten und hoffte, Gott würde sich irgendwie dazu äußern. Dummerweise las ich zu der Zeit gerade das Buch der Sprüche, das ja einige eindringliche Warnungen enthält, wie gefährlich es sei, sich mit Prostituierten einzulassen. Ich schäme mich abgrundtief, das zu bekennen, aber für eine Weile machte mir das richtig Angst. Falls hier Gott durch die biblischen Abschnitte, die ich gerade las, in meine konkrete Situation hineinsprechen wollte, bedeutete das dann etwa, dass Kay in Wirklichkeit gar nicht das arglose, fröhlich-fromme junge Mädchen war, für das ich sie hielt? Ging sie in Wirklichkeit einer unternehmerischen, aber unmoralischen Tätigkeit nach, die ihr eine nette kleine Nebeneinnahme verschaffte, aber mit ihrer möglichen künftigen Rolle als Pastorenfrau nur schwerlich zu vereinbaren sein würde? Siehst du, manche meiner »Erfahrungen« waren gar nicht wirklich Erfahrungen, hinter denen Gott steckte, sondern rührten nur daher, dass ich zwei und zwei zusammenzählte und sechsundvierzig herausbekam.

Dann hatte ich noch das Problem, dass ich alles mit Bedeutsamkeit taufte. Das kam daher, dass ich einen Rat, der mir gegeben wurde, *missverstanden* hatte. Jemand hatte mir gesagt, das ganze Leben sei unser Lernfeld als christliche Jünger. So weit, so gut. Aber ich schaffte es irgendwie, das zu verdrehen, sodass es sich anhörte wie: *Alles, was passiert, ist von Gott geplant, um dich etwas zu lehren.* Also, wenn bei Aldi die Fischstäbchen ausgehen, das Kricketspiel wegen Regen abgesagt wird, die Katze hustet und Grippe bekommt oder England im Elfmeterschießen verliert (eine ganz alltägliche Erfahrung), dann versuchte Gott nicht nur, mir durch diese kleinen Ereignisse etwas zu sagen, sondern er hatte sie geradezu choreografiert, um mir eine Lektion zu erteilen. Umgekehrt deutete alles Schlechte, was passierte (selbst kleine Ärgernisse wie ein Soßenfleck auf der Tischdecke) darauf hin, dass ein geistlicher Kampf tobte. Wenn mir also der Sprit ausging, fragte ich mich, was der Herr mir wohl dadurch sagen wollte, und spekulierte, Satan hätte womöglich in meinem Badezimmer sein Lager aufgeschlagen oder, schlimmer noch, sich eines Abflusses bemächtigt. Heute weiß ich natürlich, was der Herr mir sagte, während mein stotternder

Motor auf dem Seitenstreifen der Autobahn sein Leben aushauchte: »O einfältiger Tor, wer da fahren will, sehe zu, dass er seinen Tank rechtzeitig fülle.« Wenn alles, was passiert, irgendetwas bedeuten muss, kommt man zwangsläufig zu manchen ziemlich bizarren Schlussfolgerungen.

Meine Verwirrung wurde so dick wie Erbsensuppe, als ich mir die Idee zu eigen machte, immer wenn Gott etwas sagte, werde es eine zufällige Wiederholung geben, die die Aussage unterstreicht. In der einfachsten Form bedeutet das, ich lese in meinem Andachtsbuch einen bestimmten Bibelabschnitt. Dann wird dieser Abschnitt am Sonntag in der Predigt erneut erwähnt und zufällig noch einmal beim Bibelkreis am folgenden Mittwoch. Das kann also nur bedeuten, dass Gott mir eine Botschaft auf meiner Wellenlänge sendet und ich besser die Ohren spitzen sollte.

So schoss ich also nun wie eine Flipperkugel zwischen aus dem Zusammenhang gerissenen Bibelstellen und mit Bedeutsamkeit laminierten Alltagsereignissen hin und her. Und wenn ich zwei Mal in zwei Tagen auf dieselbe Bibelstelle traf, zerbrach ich mir den Kopf, was das Hauptquartier mir wohl mitteilen wollte.

Dazu kam noch ein vierter Punkt, der mich verwirrte. Du hast selbst schon die Zungenrede erwähnt.

Das ist mir auch passiert. Ich glaubte (und glaube immer noch), dass die Bibel die Zungenrede als auch für heute gültige Erfahrung anpreist. Ich bin nur nicht so sicher, dass das, was mir passierte, wirklich Zungenrede war. Ich saß in einem Raum mit anderen, für die gebetet wurde, und hörte Leute etwas murmeln, was sich anhörte wie die Namensliste der sri-lankischen Kricketmannschaft (ich habe Tränen gelacht über Deine Schilderung davon). Als ich mich auf einmal verdächtig wie Yogi Bär fühlte (der mit dem Jabbadabbadu), brummelte ich ein paar Worte, die sich in meinem

Fall anhörten wie die Zutaten für ein Hühnchenpasanda nach dem Rezept von Madhur Jaffrey: »Shan-dala Koriander Kurai.« Mag sein, dass das ein tiefer Ausdruck der Anbetung Gottes war, auch wenn es sich eher anhörte, als gehörte ein Pilzpilau als Beilage dazu, und vielleicht noch etwas Naanbrot.

Und dann war da noch die Phase, als die Leute hauptsächlich zu dem Zweck in die Kirche gingen, um für sich beten zu lassen und dann rückwärts umzukippen, wobei hoffentlich einer bereitstand, der sie auffing, wie ein übernatürlicher Torhüter. Das ist alles ein bisschen verwirrend, denn ich weiß, mitten in all dem Durcheinander und dem Wahnsinn bin ich *tatsächlich* Gott begegnet und habe etwas ganz Reales und Greifbares erlebt, und an dieser authentischen Erfahrung möchte ich auf keinen Fall herumkritteln. Doch genauso kam es auch vor, dass ich umkippte, ohne dass es irgendetwas mit Gott zu tun hatte. Ich ließ mich nur fallen.

Es ist schon peinlich, wenn so ein enthusiastischer Gebetskämpfer mit feuchter Aussprache einem einen Schauer ins Gesicht regnen lässt und schreit: »Mehr, Herr!«, und überhaupt nichts zu passieren scheint. Falls der Beter so etwas wie ein geistlicher Schläger ist (hüte Dich vor denen in Camouflage-Hosen mit Widderhörnern am Gürtel), kann es Dir blühen, dass Dir der Kopf so weit nach hinten gedrückt wird, dass es zu einer ernsten Schädigung der Wirbel kommen kann. Dazu kommt, dass der Beter aus dem Augenwinkel seinen Kumpel weiter links in der Reihe beobachtet, der die Leute mit Volldampf auf die Bretter schickt wie die Pins in der Bowlingbahn und nun merkt, dass er ins Hintertreffen gerät. Der Fänger kommt sich nutzlos vor. Und so schlägt allen das anscheinende Ausbleiben eines vom Heiligen Geist gelandeten K.-o.-Schlages aufs Gemüt.

Für solche Gelegenheiten habe ich mir eine Fertigkeit angeeignet, die ich gerne den Höflichkeitskipper nenne. Man vergewissert sich, dass der Torhüter an seinem Platz ist, und lässt sich im passenden Moment einfach fallen. Dann wird man sanft auf den Boden gelegt, wo man ein Nickerchen machen, die Socken des Torhüters mustern oder darüber nachdenken kann, was es nachher zum Kaffee gibt. Die Gewinner sind alle. Derjenige, der gebetet hat, hat ein Ergebnis erzielt, der Torhüter hat erfolgreich jemanden aufgefangen, und man selbst hat für eine Weile seine Ruhe. In einem Punkt ist allerdings Vorsicht angebracht. Leute mit Herzkrankheiten sollten das nicht ausprobieren. Sie sollten sich überhaupt von solchen Versammlungen fernhalten. Nichts wäre schlimmer, als durch einen massiven Herzanfall zu Boden zu gehen und, wenn man aus der Ohnmacht wieder zu sich kommt, einen grinsenden Gebetskämpfer über sich stehen zu sehen, der »Mehr, Herr!« schreit. Dabei braucht man doch nur mehr Sauerstoff und möglicherweise einen Defibrillator.

Kurz, Adrian, eine ganze Menge dieser »Teppichzeiten« hatten kaum etwas mit Gott zu tun.

Lass mich Dir noch einen weiteren Punkt gestehen, der mich sehr verwirrt hat. Ich bin nämlich auch in die Falle getappt, zu glauben, meine Gefühle seien eine verlässliche Messlatte dafür, dass Gott bei mir war. Man sagte mir, die krönende Bestätigung, die kommen müsse, bevor ich eine wichtige Entscheidung traf, sei *Frieden*. Die »biblische« Begründung dieses Gedankens findet sich in Kolosser 3,15: »Und der Friede Christi, zu dem ihr auch berufen seid in ›einem‹ Leibe, regiere in euren Herzen.« Frieden ist wie der Schiedsrichter bei einem Kricketspiel, sagte man mir. Vorwärtszugehen, ohne dass ich diesen deutlichen Frieden in meinem Herzen spüre, sei ein Verstoß gegen dieses Prinzip.

Letzten Endes sei meine emotionale Ruhe der Punkt, der den letzten Wurf ansagte. Meine Gefühlslage war der große Schiedsrichter.

Was war das für ein Schlamassel. Ich war völlig fertig bei dem Gedanken, ich könnte eine falsche Entscheidung treffen und es womöglich versäumen, die eine und einzige und einzigartige Person im Kosmos zu heiraten, die Gott für mich ausersehen hatte – sie mochte ja eine damenbärtige gläubige Ziegenhirtin namens Muskel-Hilda sein, die auf den windgegerbten Hügeln Estlands lebte. Wenn ich es vermasselte, würde nicht nur ich zu einer Ehe »zweiter Wahl« verdammt sein, sondern auch die arme alte Muskel-Hilda würde sich mit einem langweiligen Leben abfinden müssen, in dem sie den Ziegen beim Herumscharwenzeln zusah und sich im 3. Buch Mose Tipps für die fachgerechte Schlachtung holte. Ihre einzige Freude wäre es, zu erleben, wie ihr Land hin und wieder den Eurovision Song Contest gewinnt.

Ich empfand mehr Furcht als Frieden, und weil ich keinen Frieden hatte, fand ich keinen Frieden, wenn Du verstehst, was ich meine, Adrian. Mir kam nie der Gedanke, mir Kolosser 3 einmal im Zusammenhang anzuschauen. Paulus schrieb seinen Freunden über die Einheit der Gemeinde und rief sie auf, in ihren Konflikten den Frieden das letzte Wort haben zu lassen. Mit subjektiver Führung hatte der Vers überhaupt nichts zu tun. Doch weil ich keinen Frieden finden konnte, empfand ich immer mehr Turbulenzen, bis mir danach war, entweder die ganze Sache an den Nagel zu hängen oder mich in eine geschlossene Abteilung einzuchecken.

Zum Glück kam dann jemand und gab mir einen Schubs heraus aus dieser Wahnsinnszone. Und das warst Du.

Ja, Du, Adrian Vivian Eldad Plass (ich wette, es wissen

nicht viele Leute von Deinem kleinen Geheimnis mit den beiden anderen Vornamen, was, Adrian?). Du hast mir, sei es persönlich oder durch eines Deiner neunhundert Bücher, gesagt, dass meine Emotionen *nicht* das Barometer dafür sind, wie geistlich ich bin.

Also, manche meiner Erfahrungen waren eindeutig fragwürdig, manche waren verdächtig, und einige halten auch im Rückblick noch stand. Was mich zugleich erleichtert und beunruhigt, Adrian, ist, dass diese epischen Begegnungen mit Gott mir nicht mehr sehr häufig zu widerfahren scheinen. Ich weiß, nachdem ich den letzten Satz in Tinte verewigt habe, wird es manche Leser geben, die eilends den Schluss ziehen, ich sei geistlich tot oder Schlimmeres. Liegt es daran, dass ich begriffen habe, dass es nicht nur mein Privileg, sondern geradezu meine Aufgabe ist, diese »Erfahrungen« mit einem etwas kritischeren Blick zu betrachten? Ich möchte Gott nicht in den deistischen Kasten sperren und ihn zu einem Schöpfer des Universums erklären, der zu einem längeren Urlaub verreist ist. Gott greift durchaus ein, und es ist möglich, dass er es manchmal tut und wir es einfach nicht bemerken.

Aber es könnte auch sein, dass manche von uns einen allzu gierigen Hunger nach spektakulären Happenings haben.

Wir haben schon von Elia gesprochen, einer meiner Lieblingsgestalten in der Bibel. Er hatte zweifellos einige umwälzende Momente in seinem Leben. Ich selbst habe noch nie Feuer vom Himmel herabgerufen (auch wenn ich schon bei manchen verregneten Grillfesten an der Glut stand). Ich habe nie auf übernatürliche Weise Lebensmittel vermehrt, nie eine Dürrezeit organisiert oder jemanden von den Toten auferweckt (auch wenn es mir fast ebenso viel Glauben abverlangte, Teenager morgens für die Schule aufzuwecken). Als er mit seinem Latein am Ende war, in seiner

Höhle saß und »*We shall not, we shall not be moved*« vor sich hin summte, da ließ Gott etwas zu, worin Gott nicht zu finden war. Hört sich merkwürdig an, nicht wahr?

Die Bibel berichtet, dass ein mächtiger, erderschütternder Wind aufkam, *aber der Herr war nicht im Wind*. Ein Erdbeben donnerte (und drohte die Höhle einstürzen zu lassen, in der der unglückliche Elia kauerte und sich an seine eigene Hoffnungslosigkeit klammerte), *aber der Herr war nicht im Erdbeben*. Und dann ein drittes spektakuläres Geschehen: ein Feuer, das an die große Konfrontation auf dem Berg Karmel erinnerte, *aber der Herr war nicht im Feuer*.

Und dann …

Dann kam der Klang eines stillen, sanften Sausens. Die beste Übersetzung wäre vielleicht »der Klang einer sanften Stille« oder »der stille Klang«. Ich stelle das als Frage, nicht als Aussage in den Raum: Wäre es vielleicht möglich, dass Elia zeichensüchtig geworden war? Ereignishungrig? Und nun führte Gott ihn an einen Ort, wo er lernen konnte, in relativer Stille zu glauben?

Denn das ist der Ort, an dem die meisten von uns ihren Glauben leben, wenn nicht wir alle. Tom Cruise hört Hintergrundmusik, wenn er in einem Film eine Frau küsst, aber Dir und mir ist nicht ständig ein Orchester auf den Fersen.

Und dann, hin und wieder vielleicht, wird die Stille durchbrochen. Etwas Seltsames passiert – ein Gebet wird beantwortet. Eigentlich merkwürdig, denn man sollte doch nicht meinen, dass Gott sich für unser Leben interessiert, die wir im reichen Westen wohnen, während die meisten Menschen auf der Welt sich heute Abend mit leerem Magen zum Schlafen niederlegen werden. Aber er tut es. Und es ist großartig, wenn er es tut. Aber zum größten Teil geht es im Glaubensleben darum, hoffnungsvoll in relativer Stille zu leben.

Vielleicht sollten wir aufhören zu denken, es gäbe so etwas wie eine normative Erfahrung für den christlichen Jünger. Ich kämpfe mit diesem Gedanken, seit ich Watchman Nees Klassiker *Das normale Christenleben* gelesen habe. (Ich finde, seine Eltern, die ihn »Watchman« nannten, hätten lieber das relevantere Werk *Der normale Christenname* lesen sollen.) Was ist normal? Jede Ehe, jede Freundschaft, jede Arbeitsbeziehung ist einzigartig.

Vielleicht sollten wir aufhören, uns mit Vergleichen herumzuquälen. Und wenn sich das kurz angebunden anhört, denk an den Rat, den Jesus beim Frühstück Petrus gab. Nachdem Petrus erfahren hat, dass er den Märtyrertod sterben wird, macht er sich verständlicherweise Gedanken, was aus Johannes werden wird (der im Johannes-Evangelium, das er irritierenderweise auch noch selbst geschrieben hat, wiederholt als *der Jünger, den Jesus liebte*, bezeichnet wird). Vielleicht machte Petrus sich Sorgen, er würde in der neutestamentlichen Entsprechung von Alcatraz enden, während Lieblingsjünger Johannes sich in ein Strandhaus auf Hawaii zurückziehen könnte.

Doch Jesus fertigte die Frage kurz ab: »… was geht es dich an? Folge du mir nach« (Johannes 21,22). Fragen sind der Stoff, aus dem der Glaube ist. Und dennoch ist Vertrauen gefragt, wenn Gott uns freundlich informiert, dass er uns derzeit keine Antwort geben wird und dass wir uns stattdessen auf unsere Aufgabe konzentrieren müssen, mit ihm Schritt zu halten. Das hilft nicht immer weiter, und ehrlich gesagt, es gefällt mir auch nicht, aber vielleicht ist es einfach so.

Übrigens, bevor ich Schluss mache, sollte ich noch zwei Geständnisse ablegen. Erstens weiß ich natürlich, dass Watchman Nees Vorname nicht wirklich Watchman war und dass seine Eltern ihn nicht wirklich so nannten. Wahrscheinlich hieß er Brian oder Ron oder als Chinese vielleicht Yikitakkkeishisma, sodass Watchman ein wenig glatter über die Lippen geht. Und das zweite Geständnis betrifft deine Vornamen, Adrian. Wie albern von mir, zu behaupten, Dein voller Name sei *Adrian Vivian Eldad* (Plass). Das habe ich mir nur ausgedacht. Wie ist Dein richtiger zweiter Vorname?

Liebe Grüße,

Jeffrey Brenda Lucas

EINUNDZWANZIG

Lieber Jeff,
ich bin Deine letzten beiden Briefe noch einmal durchgegangen und habe über meinen Erwiderungen auf manche der Dinge gebrütet, die Du darin geschrieben hast. Eine meiner Reaktionen ist lächerlich unpassend. Mir schoss der Gedanke durch den Kopf, dass die Worte der Putzfrau, die Dich nackt im Wohnzimmer Deines Chalets ertappte, vielleicht ja auch ein obskurer sexueller Code gewesen sein könnten. Wer weiß, was passiert wäre, wenn Du ihr anzüglich zugezwinkert, mit den Fingern ein paar Gänsefüßchen in die Luft gezeichnet und erwidert hättest: »Oh ja, bitte, *saugen Sie meinen Teppich.*« Aber lass uns darauf nicht weiter herumreiten. Ojemine, nein, tut mir leid, das war jetzt eindeutig eine Metapher zu viel …

Um vom Lächerlichen zum Erhabenen zu kommen: In einem früheren Brief bin ich schon kurz auf Deine Schilderung eingegangen, wie Du mit acht Jahren einen Einbruch vortäuschtest, um das Vakuum an Macht und Bedeutung in Deinem Leben auszufüllen. Aber ich möchte Dir noch sagen, wie sehr mich diese Geschichte bewegt hat. Sie hat mich an den einen oder anderen Vorfall in meiner eigenen Kindheit erinnert, aber sie rührt auch Erinnerungen an die Kinder auf, die Bridget und ich in der ersten Phase unseres Berufslebens in verschiedenen Heimen kennengelernt haben. Viele von ihnen zeigten aus ganz ähnlichen Gründen Verhaltensprobleme. Diese Jungen und Mädchen zwischen elf und achtzehn Jahren waren mal traurig, mal wütend, mal bösartig und manchmal auch eine Mischung aus allem. Manche waren nur deshalb von zu Hause fortgeschickt worden, weil ihre Eltern alles vermasselt hatten. Andere würde man heutzutage zweifellos als Autisten einstufen. Einige wenige waren schlicht und einfach niederträchtig. Ein kleiner Teil hätte überhaupt nicht dort sein dürfen. Zu vielen unserer Schützlinge fassten wir große Zuneigung.

Eine Sache, die viele dieser Kinder gemeinsam hatten, war ein gewisses Maß an Orientierungslosigkeit und Verwirrung. In seinem Gleichnis vom Sämann sagt Jesus, dass einige Samen auf felsigen Grund fielen, wo es nicht viel Erde gab, sodass die Pflanzen in dem flachen Boden rasch aufsprossen. Doch sobald die Sonne aufging, welkten und starben die Pflanzen, weil sie keine Wurzeln hatten. Das war genau das Problem eines großen Teils der Kinder, mit denen wir arbeiteten. Die starken Wurzeln der Liebe, der Bestätigung und der beständigen Fürsorge waren einfach nicht da. Bevor man versuchte, in den Wüstenboden ihrer Seelen irgendwelche Samen auszusäen, musste man erst einmal diesen harten Boden aufbrechen und eine neue, tiefe Erde kultivieren, die fähig war, grüne Schösslinge des Selbstwertgefühls, der Zuversicht und des Glaubens an die Möglichkeit der Liebe zu nähren.

Und wir reden hier nicht über irgendeine luftig-leichte, pseudogeistliche Sache. Gott weiß, dass uns im Laufe der Jahre genug solcher Unfug untergekommen ist. Gelegentlich platzten einzelne Christen oder christliche Gruppen, die der Mike-Tyson-Schule der Evangelisation anhingen, herein und überredeten ein Kind oder eine Gruppe von Kindern dazu, Jesus in ihr Leben einzuladen. Aus Sicht dieser Kinder war die Sache völlig klar. Man sprach ein Gebet oder tat, was sonst von einem verlangt wurde, und schon würde, wie die Leute mit den glänzenden Augen sagten, die Sünde in ihrem Leben überwunden sein, und sie würden nur noch herrliche Zeiten erleben. Nur dass es nicht so kam, weil die Boten des Wortes sich unter jubelndem Lobpreis wieder aus dem Staub machten und die Neubekehrten am nächsten Morgen aufwachten und merkten, dass sich nichts verändert hatte und der steinige Boden immer noch genauso trocken und undurchdringlich war wie eh und je.

Ein Mädchen, mit dem Bridget in einem Erziehungsheim im West Country arbeitete, bekam von einem Geistlichen das Versprechen, wenn sie jeden Tag ihre Bibel läse und eine gute Christin würde, würden er und seine Frau sie zu sich nehmen. Also las sie jeden Abend stur ein Stück aus der Bibel, die er ihr dagelassen hatte, und quittierte jede Unterbrechung mit einer gefauchten Obszönität, gefolgt von den unsterblichen Worten: »Ich bin am Frommwerden.« Die Gemeinde ist nicht aufzuhalten, was, Jeff?

Klar, dass viele dieser Kinder orientierungslos und verwirrt waren. Wie könnte es anders sein, wo Liebe nicht mehr ist als ein unbestätigtes Gerücht?

Nein, der Prozess der Wiederherstellung und der echten Veränderung kann Jahre dauern, und in den meisten Fällen gehört dazu die treue, beharrliche Unterstützung von Leuten, denen wirklich etwas an diesen beschädigten Herzen und Seelen liegt, diesen Geliebten Gottes, die den Geist haben rufen hören, aber nicht das Rüstzeug haben, um sich selbst allein auf die Reise zu machen. Bridget und ich fassten besondere Zuneigung zu einem Jungen, dessen Herkunft so verzweifelt hoffnungslos war, dass es schwerfiel, sich vorzustellen, dass in seiner Zukunft einmal irgendetwas Positives passieren könnte. Wir hatten über die Jahre sehr viel mit seinem Leben zu tun gehabt, doch der Prozess, ihn zu unterstützen, war zermürbend, frustrierend und entmutigend. Er war Christ geworden (was immer das aus Gottes Sicht überhaupt bedeutet), und das war ihm wirklich wichtig, aber ich weiß noch, wie ich stumm und (in passender Umgebung) weniger stumm zu Gott schrie:

»Nun los doch! Tu etwas! Verändere ihn. Fummle an seinem inneren Getriebe herum. Nimm einen göttlichen Schraubenzieher und stell seine Steuerung ein. Verwandle ihn in ein Würstchen grillendes, Chorusse singendes, mit leuchtenden Augen in die Welt blickendes Kind Gottes. Du bist doch derjenige, der die Wunder tut. Worauf wartest du? Was gibst du ihm überhaupt?«

Erst kürzlich haben wir angefangen zu begreifen: Soweit es uns betraf und wir es wissen mussten, war eines der konkreten Dinge, die Gott diesem schwer zu handhabenden verlorenen Sohn gegeben hatte, schlicht und einfach wir beide. Wir sind Teil eines Systems aus Stützen, das ihm die Möglichkeit gegeben hat, zu überleben und sogar in manchen Bereichen seines Lebens aufzublühen.

Das sieht auf den ersten Blick nicht sehr vielversprechend aus, aber so unzulänglich Bridget und ich zweifellos waren und sind, wir waren es, die auserwählt waren, für diesen Jungen Jesus zu sein. Wir mögen Volltrottel ersten Ranges sein, aber Volltrottel sind nun einmal das Einzige, was Gott in dieser Welt zur Verfügung hat. Ihm steht nur ein nicht einmal sehr großer Volltrottelpool zur Auswahl. Und wir waren nun einmal zu dem Zeitpunkt zufällig in der Nähe.

Übrigens, in derselben Woche, in der ich von Deinem vorgetäuschten Einbruch las, bekamen wir eine E-Mail von einem Mann, den wir vor vielen Jahren, als wir in einer Einrichtung mit dem schaurigen Namen »Schule für nicht angepasste Jungen« arbeiteten, als Jugendlichen kennengelernt hatten. Was dieser Mann uns zu berichten hatte, hörte sich in vieler Hinsicht positiv an, aber zwischen den Zeilen glaubten wir immer noch dasselbe alte Gefühl von verletzter, unsicherer Verwirrung wahrzunehmen. Warum war er damals eigentlich an diesen Ort geschickt worden? Wer hatte die Entscheidung getroffen, dass er ein Junge war, der in eine Gemeinschaft von emotional Evakuierten gehörte, die sich aus Straftätern, Verrückten und Verzweifelten zusammensetzte? Wer in aller Welt könnte dieses unglückliche Kind gewesen sein, das beim besten Willen nicht hatte dahinterkommen können, was eigentlich los war oder warum keiner sich je wirklich die Mühe machte, die Fragen zu beantworten, die er kaum in Worte zu fassen wagte?

Ich war nie eines dieser Kinder in Heimen, Jeff, aber ich kenne das Gefühl. Ich vermute, Du kennst es auch. Wer war dieser kleiner Junge, der mit einem feurigen Ball aus Not in seinem Innern sein Haus auf den Kopf stellte, nur um zu beweisen, dass er mehr war als nur eine schwache Silhouette seiner selbst? Und ist je jemand gekommen und hat ihm erklärt, was genau eigentlich geschehen ist an jenem merkwürdigen, wunderbaren, furchtbaren Tag, als das Schlimmste hätte passieren können und er am Ende doch nur Freundlichkeit gezeigt bekam? Ich hoffe es.

In der Zeit, als ich mit Heimkindern arbeitete, schrieb ich einmal diese kurzen Verse:

In dem Spiegelsaal gefangen
kann ich den Bildern nicht entflieh'n
die mir doch nicht zeigen können
was schon lange ist dahin.
Tief in mir, in dunkler Ferne
kaum erreichbar meinem Blick
steht ein Kind, verwirrt und schweigend
verlassen, einsam, weit zurück.

Nur in einem einz'gen Spiegel
sehe ich in meinem Sinn
klar und ruhig das eine Bild
dieses Menschen, der ich bin.

Das ist meiner Ansicht nach das, was Gott für viele Männer, Frauen und Kinder tut; für Menschen, die sich leidenschaftlich nach einem klaren, unverschleierten Spiegelbild ihrer selbst in dem stillen Teich seiner Liebe sehnen. Und vielleicht bietet die Komplexität dieser Sehnsucht eine Antwort auf all Deine geschriebenen und ausgesprochenen und unausgesprochenen Fragen über die Authentizität und Stimmigkeit in unserer Erfahrung der Gegenwart Gottes. Es kann durch ihn direkt geschehen. Es kann durch andere Menschen geschehen. Es kann drei Sekunden dauern. Es kann neunzig Jahre dauern. Es kann einfach sein. Es kann unglaublich kompliziert sein. Es kann gewaltigen Mut verlangen. Es kann qualvolle Unterwerfung verlangen. Es kann unmögliche Vergebung beinhalten. Es kann uns die schmerzhafte Freude vermitteln, Vergebung zu empfangen, diese demoralisierende Wolke mit dem Silberstreif. Wie konnten wir uns nur je einreden, dass die pragmatische, maßgeschneiderte Liebe Gottes sich in ein Buch voller Cowboylieder und drei oder vier lächerlich simple Prinzipien fassen lässt? Sind wir denn verrückt?

Ich habe den Verdacht, ich könnte verrückt sein, aber ich weiß genau, dass ich müde bin, Jeff. Ich werde eine Runde mit dem Hund drehen. Freue mich schon darauf, bald wieder von Dir zu hören.

Viele liebe Grüße,
Adrian

ZWEIUNDZWANZIG

Lieber Jeff,
während des Wartens auf Deinen nächsten Brief habe ich mich gefragt, was die Leute wohl denken würden, wenn Sie unseren Briefwechsel je zu Gesicht bekommen würden. Über die lustigen Geschichten wären sie bestimmt nicht sehr überrascht, oder? Du und ich, wir sind ja schließlich unheilbar anekdotisch und ernsthaft süchtig nach dem Lächerlichen. Ja, als Schriftsteller kann ich mich nie wirklich entspannen, solange ich nicht den Faden irgendeiner Erzählung aufgenommen habe und fest in der Hand halte. Das ist eine gewisse Schwäche, denke ich. Jede andere Art des Schreibens ist für mich sehr mühsam. Was unsere Leser jedoch überraschen könnte, ist die Entdeckung, welche tiefen Ängste und Qualen unsere jeweilige Reise mit Jesus begleiten. Es gibt in der christlichen Erfahrung so vieles, worauf und wogegen man reagiert, manchmal mit Lachen, manchmal mit Zorn, manchmal mit Schmerz und Trauer, manchmal mit Liebe und Wertschätzung und recht oft mit völliger Ratlosigkeit. Heutzutage finde ich es viel leichter und wahrscheinlich auch hilfreicher, wahrheitsgemäß über die negativen Elemente in dieser Liste zu sprechen. Vielleicht ist es bei Dir genauso. Trotz alledem wäre ich sehr traurig, wenn unser hypothetischer Leser durch den Humor und das Händeringen so abgelenkt wäre, dass ihm die positive Leidenschaft gar nicht ins Auge springt, die unserem Verlangen danach, Jesus in der Welt sichtbar zu machen, innewohnt und es antreibt.

Heute Morgen stellte ich mir die folgende Frage: Wie wirkt sich der Umstand, dass ich ein Nachfolger Jesu bin, praktisch auf meine Lebensweise in dieser Welt aus? Die Antwort liegt, wie ich zu meiner überschwänglichen Freude sage, in einer Geschichte.

Es ist eigentlich gar keine besondere Geschichte, aber ich glaube, sie macht deutlich, worum es geht.

Ich war vor ein paar Jahren auf einer großen christlichen Veranstaltung (irgendwo auf der Nordhalbkugel, wenn Du den genauen Ort eingrenzen möchtest, oder vielleicht auch auf der Südhalbkugel; auf einer von beiden jedenfalls), und ich war in äußerst übler Stimmung. Irgendwie habe ich ja schon meinen Spaß an manchen dieser frommen Großfestivals, aber viele von ihnen verwandeln mich in einen finster dreinblickenden Haufen mosernden, meckernden Missmuts. Irgendwann saß ich bei dieser Veranstaltung mit verschränkten Armen auf einem lächerlich kleinen Stuhl im Halbdunkel neben der Bühne und wartete, bis ich an der Reihe war. Während der Tag, der bereits lang und ermüdend gewesen war, trübe durch meine Gedanken zog, fing ich an, so ziemlich alles um mich her lästig zu finden.

Das fing mit dem allgemeinen neurotisch positiven Ethos an, von dem diese Festivals meistens durchdrungen sind. Jeder, der an der Präsentation beteiligt war, schien beim Aufstieg über die drei Stufen am Bühnenrand eine magische Verwandlung zu erleben. In meinen feindseligen Augen hatte die sprühende Freude, die unerschütterliche Gewissheit und das strahlende Wohlwollen, mit dem die Leute zum Publikum oder zur Versammlung oder was immer wir als die richtige und fromme Bezeichnung dafür auserkoren haben sprachen, etwas enervierend Brüchiges an sich.

Dann war da die Lobpreisband, und besonders der Musiker, der am nächsten bei mir auf der Bühne stand, ein welkender Jüngling von der Gestalt einer magersüchtigen Banane, der seine Gitarre gerade oberhalb seiner affenartigen Knie hängen hatte. Als Sprecher der Band hatte er ein paar zusammenhanglose Sätze durch seine Trauerweidenfrisur in die Richtung des Publikums / der Versammlung zu murmeln, bevor er alle Anwesenden dazu verdonnerte, in eine neuerliche, undurchdringliche Wand aus Lärm einzustimmen. Vor vielen Jahren erfand ich einmal eine unsäglich schlechte christliche Jugendband namens »Bad News For The Devil«, deren Musik an ein durch einen Aufzugschacht fallendes Klavier erinnerte. Neben dieser Truppe hier hätten sie sich wie das Royal Philharmonic Orchestra angehört. Mir dröhnte der Kopf davon.

Fast genauso schlimm war der Mann, der wenig später mit seiner akustischen Gitarre nach oben tappte, um ein Lied vorzutragen, das ihm Gott geschenkt hatte. Ich habe sowieso schon zu viele Witze über derartige Behauptungen gemacht, sodass ich mir die Mühe jetzt sparen werde. Möge es genügen, wenn ich sage, dass die Reime seines Textes so schlecht zueinanderpassten wie die Opfer von Zwangsehen zwischen Wesen verschiedener Sonnensysteme und dass seine höchsten Töne sich anhörten wie ein dehydrierter Bluthund, der im Geröll feststeckt. Wann, so fragte ich mich, haben wir eigentlich diese Schicksalsentscheidung getroffen, der zufolge einwandfreie Orthodoxie ein hinreichender Ersatz für Qualität ist? Endlich verließ er die Bühne wieder, nachdem er auf den Fußballen wippend eine Minipredigt gehalten und dann noch ein zweites Lied gesungen hatte, was er gar nicht sollte, so sichtlich bewegt von seiner eigenen Darbietung, dass er kaum etwas von der angeödeten Rastlosigkeit des Publikums / der Versammlung merkte.

Als ich endlich an der Reihe war, auf die Bühne zu steigen, hatte meine Stimmung ihren Tiefpunkt erreicht. Was hatte ich hier eigentlich zu suchen? Was sollte das alles? Warum hielten wir immer noch das schwankende Gebäude dieses Micky-Maus-Evangelikalentums aufrecht, das sich in solch schnatternder Seichtigkeit manifestierte? Ich sagte mein Zeug auf, so gut ich konnte, und schlich mich dann davon, so schnell es ging. Zurück im Hotel, aß ich Sandwiches mit Käse und Pickles im Bett und schaute mir irgendwelchen Blödsinn im Fernsehen an, bis es Zeit zum Schlafen war.

Als ich am nächsten Morgen aufwachte, war ich nicht besonders zufrieden mit mir. Ich setzte mich auf, wischte geistesabwesend ein paar Krümel von meiner Bettdecke und fragte mich, für wen ich mich eigentlich hielt. Diese Leute auf der Bühne gestern Abend hatten doch nur gegeben, was sie hatten, und sich so verhalten, wie es ihrer Erkenntnis entsprach. Wer war ich, dass ich über sie hätte urteilen dürfen? Wenn ich den ganzen Abend mit diesen zynischen, negativen Gefühlen dort hatte sitzen können, worin manifestierte sich denn dann mein eigenes sogenanntes Christentum? Auf dem Weg hinunter zum Frühstück war in meiner Seele nur ein einziger starker, gewisser Glaube verankert. Ich brauchte heißen, starken Kaffee.

Den bekam ich auch, aber im Frühstücksraum des Hotels war an diesem Morgen eine Menge los, und es schienen nur zwei Leute da zu sein, auf denen die ganze Arbeit lastete. Eine von ihnen, nach ihrem Akzent zu urteilen eine Osteuropäerin, kann höchstens zwanzig Jahre alt gewesen sein. Ein hübsches Mädchen, das ein schwarzes Stirnband trug, um ihren temperamentvollen Haarschopf unter Kontrolle zu halten. Sie rannte durch den Frühstücksraum, sammelte Teller ein, servierte Speisen, räumte und wischte Tische ab und begegnete Fragen und Beschwerden mit entschlossener guter Laune. Ein oder zwei Mal jedoch, wenn sie durch die Doppelschwingtür in der Küche verschwand, fiel mir auf, dass der Ausdruck auf ihrem Gesicht in sich zusammenfiel und sich mit Erschöpfung überschattete.

Der andere Hotelangestellte war ein älterer, untersetzter Mann asiatischer Abstammung, dessen Hauptaufgabe darin zu bestehen schien, dass die Behälter mit Orangensaft und Milch, kalten Speisen und Brot zum Toasten ständig für die neu eintreffenden Gäste aufgestockt wurden. Dieser nervöse, freundliche Bursche war mit ebenso viel Energie und Hingabe bei der Arbeit wie seine Kollegin. Hin und wieder trafen die beiden mitten in ihren Mühen aufeinander und gönnten sich einen kurzen Plausch, bevor sie weitereilten, um die nächste Aufgabe in Angriff zu nehmen.

Ich war einer der Letzten, die den Speisesaal verließen. Auf dem Weg zum Ausgang kam mir die Frage in den Sinn, ob sich wohl irgendjemand bei diesen beiden Leuten für die fröhliche, fleißige Art bedanken würde, mit der sie uns bedient hatten. Natürlich wurden sie für ihre Arbeit im Hotel bezahlt, aber reich wurden sie davon sicher nicht. Ein wenig Dankbarkeit, das war es, was sie brauchten und verdienten. Also blieb ich am Tresen neben dem Ausgang stehen und wandte mich an mein Frühstücksteam, das gerade damit beschäftigt war, den Servicebereich zu säubern und aufzuräumen.

»Sie hatten schwer zu arbeiten, nicht wahr?«

Es war, als hätte ich zwei Glühbirnen eingeschaltet. Was für ein Lächeln und Nicken und Seufzen. Beide fingen gleichzeitig an zu reden.

»Oh ja, es war schwer heute Morgen, weil ...«

»Wir sind unterbesetzt, wissen Sie, und deshalb ...«

»... wir waren nur zu zweit, und da mussten wir ...«

»... wir beide mussten alles allein machen. Es war ziemlich anstrengend, aber ...«

»Jetzt sind wir ja fertig, und ich glaube, jeder hat ein gutes Frühstück bekommen ...«

Ihnen ging die Puste aus.

»Nun, ich danke Ihnen sehr herzlich dafür, dass Sie sich so viel Mühe gemacht und sich so gut um Ihre Gäste gekümmert haben. Auf Wiedersehen.«

»Auf Wiedersehen, Sir, und danke für …«

»Ja, danke, und Ihnen einen schönen Tag, Sir.«

Das war das, was beim Frühstück passierte. Etwas anderes passierte eine Stunde später, als ich auf dem nächsten Bahnhof auf dem Bahnsteig saß und auf meinen Zug wartete.

Ich wusste, wenn die Züge sich gut benahmen, würde ich es gerade so zu einer Veranstaltung später am Tag schaffen, zu der Bridget und ich eingeladen waren. Ich wusste auch, wie wichtig es der Person, die uns eingeladen hatte, war, dass Bridget und ich beide kamen. Ebenso wusste ich, dass niemand, weder unser Gastgeber noch Bridget noch sonst irgendjemand mir einen Vorwurf machen würde, wenn ich nicht dort auftauchte. Schließlich hatte ich gerade einen sehr anstrengenden Tag hinter mir, und jeder weiß ja, wie viel Pech man mit Zügen haben kann. Man kann die Einzelheiten immer ein bisschen vernebeln, wenn man mit dem Zug fährt und zwei oder drei Mal umsteigen muss. Wenn ich die betreffende Person in ein paar Tagen treffen würde, würde ich einfach seufzen und mit der Zunge schnalzen und meine Arme ausbreiten und ihre beiden Hände erfassen und mein Bedauern ausdrücken, und damit hatte es sich. Ich lehnte mich auf der Bank zurück, schloss meine Augen und versuchte, mich zu entspannen.

Ich schaffte es, fünfzehn Minuten vor Beginn der Veranstaltung dort zu sein.

Und was soll das alles, was ich da erzähle, fragst Du Dich jetzt bestimmt, Jeff? Nun, vielleicht ist es ein bisschen so, wie wenn Du Kinder im Teenageralter hast und die Mutter oder der Vater eines anderen Jugendlichen machen eine Bemerkung darüber, wie höflich und rücksichtsvoll sich Dein Kind bei ihnen zu Hause benommen hat. Man kippt fast um vor Verblüffung, gibt sich aber alle Mühe, so zu tun, als ob sie sich zu Hause auch so benehmen würden. In gewisser Hinsicht bezweifle ich, dass Gott sehr bekümmert darüber war, wie ich mich da ganz für mich allein neben der Bühne in Meckern und Mosern erging. Aber er wäre sehr zornig und enttäuscht (und ich bin sicher, manchmal ist er das auch), wenn ich es vernachlässigen würde, seine Liebe und Gnade gegenüber den Menschen zu repräsentieren, mit denen ich tatsächlich in Kontakt komme. Wenn es eine Sache gibt, die ich vielleicht tatsächlich über Gott gelernt habe, dann ist es, dass es aus seiner Sicht nicht einen einzigen unwichtigen Menschen auf der Welt gibt. Und wir (Gott helfe uns!) sind seine Vehikel, um ihnen zu begegnen und ihnen die überraschende Wahrheit zu vermitteln, dass sie, um an einen früheren Brief anzuknüpfen, »nicht allein« sind. Diese beiden Leute im Hotelspeisesaal und mein Freund, der mich so gern bei seiner ganz besonderen Veranstaltung haben wollte, brauchten nicht nur mich, sie brauchten Gott in mir. Das reicht mir, Jeff. Ich glaube, ich habe es schon erwähnt – es macht mir nichts aus, für Gott die Post auszutragen, auch wenn ich tonlos vor mich hin mosere, während ich den Gartenweg zum Eingang entlangschlurfe.

Gott segne Dich, Jeff,
Adrian

PS Nachdem ich diesen Brief geschrieben habe, bin ich erst recht froh, dass niemand unsere Korrespondenz zu Gesicht bekommen wird. Magersüchtige Banane? In der Kultur unserer Familie und unter unseren engsten Freunden ist es verpönt, sich bei solchen Dingen »tief verletzt und empört« zu zeigen. Meine Frau litt als Jugendliche an Magersucht, aber sie würde eine scherzhafte Bemerkung über diese grauenhafte Erkrankung niemals persönlich nehmen.

In diesem Zusammenhang: Kürzlich las ich in einer Zeitschrift, dass ein Leser »tief verletzt und empört« über einen Artikel war, in dem es um »Brainstorming« ging – eine Technik, als ersten Schritt zur Erfüllung einer Aufgabe wahllos Ideen zusammenzutragen. Der Begriff »Brainstorming« wird allerdings auch (in taktloser und unpassender Weise) im Zusammenhang mit Epilepsie verwendet, einer Krankheit, an der einer meiner engsten Freunde seit vielen Jahren leidet. Nun, zufällig ist es so, Jeff, dass ich beschlossen habe, persönlich tief verletzt und empört darüber zu sein, dass Leute versuchen, mir vorzuschreiben, welche Wörter ich verwenden darf, solange ich sie im richtigen Zusammenhang verwende. Was die können, kann ich schon lange.

Trotz alledem ist es mir nicht unlieb, all den Beschwerdebriefen zu entgehen, die ich vermutlich von Magersüchtigen, von den Mitgliedern der Königlichen Gesellschaft zur Eindämmung von Grausamkeit gegen Bananen, von der Stiftung für Magersüchtige Bananengewächse, der Musikergewerkschaft, der Gesellschaft zum Schutz magersüchtiger, bananenförmiger Musiker, den Freunden der gekrümmten Frucht, den Freunden der magersüchtigen gekrümmten Frucht, den Freunden der gebeugten Musiker (den Verein gibt es vermutlich sogar wirklich; wenn nicht, sollte man ihn gründen), von Pointless Peeling Causes Pain International und so weiter und so fort bekommen würde.

Ich muss Schluss machen. Ich scheine in den Wahnsinn abzutrudeln, wobei ich klarstellen möchte, dass ich dieses Wort in verantwortungsbewusster und Anteil nehmender Weise verwende.

Dein Adrian

DREIUNDZWANZIG

Lieber Adrian,
schön, von Dir zu hören. Ich glaube, Deine Frage, wie die Tatsache, dass wir Nachfolger Jesu sind, sich auf unser Leben in der Welt auswirken sollte, hast Du selbst beantwortet. Die Weisheit, von der ich gesprochen habe, verbirgt sich in der explosiven Aussage, die man leicht als Zeile aus dem Musical *Annie* oder aus irgendeinem Disney-Heftchen abtun könnte: Sie ist so schlicht, dass sie sich manchmal banal anhört. Ich meine diese Aussage, falls Du Dich danach fragst: *Es gibt keine unwichtigen Menschen auf der Welt.*

Wenn wir dieses kleine Juwel tatsächlich irgendwie in unsere Köpfe und Herzen hineinbekämen, dann wüsste die Welt gar nicht, wie ihr geschieht. Es bedeutet, dass die riesige Mehrzahl der Weltbevölkerung, bestehend aus bescheidenen, ja mittelmäßig wirkenden Seelen, unendlich bedeutend ist und Aufmerksamkeit und Freundlichkeit verdient. Des Weiteren bedeutet es, dass der Mythos des Außergewöhnlichen und Ultraschönen in der Prominenzkultur auf die Müllkippe gehört. Eine Seele ist nicht deshalb wertvoller, weil sie mit hohen Wangenknochen und perfekt geformten Brüsten gesegnet ist (falls es sich um eine Frau handelt). Oder weil sie über eine teure Medienmaschine verfügt, die endlos Banalitäten über sie an diejenigen hinausposaunt, die so arm dran sind, sich dafür zu interessieren. Oder auch, weil sie mit einem besonderen Talent gesegnet ist. Beim Lesen Deiner Briefe schien es mir, dass kleine Handlungen – ein nettes Wort, eine schwer arbeitende Kellnerin, bereit sein zum Zuhören –, dass all diese alltäglichen und zutiefst gewöhnlichen Verhaltensweisen in Wirklichkeit die kräftige Soße auf dem Mahl des Lebens sind.

Und deshalb macht es mich ebenso wie Dich manchmal nervös, auf solchen christlichen Großveranstaltungen zu sein, wo jedem gesagt wird, er müsse etwas Großartiges tun und sein. Aber es kann nun einmal nicht jeder ein Wahlkämpfer, ein Politiker, ein Kreuzritter im Stadtrat, ein begabter Seelsorger in der Kirchengemeinde oder ein Theologe sein, der uns hilft, abgrundtiefe Mysterien sicher zu durchschwimmen. Die meisten von uns sind einfach nur … gewöhnliche Leute. Manchmal kann es sein, dass wir einen Schubs bekommen, um aus dem Schatten auszubrechen und zu einem gewaltigen Weltveränderer zu werden, aber Leute wie Wilberforce sind in Wirklichkeit sehr selten.

Ich würde diesen Gedanken gern noch etwas weiterführen und sagen, dass es etwas sehr Befreiendes hat, zu wissen, was wir nicht können. *Britain's Got Talent* ist eine dieser Fernsehshows, die jene elektrisierende Botschaft unters Volk bringen: Du kannst anders sein. Du kannst Größe haben, was immer das ist. Darin liegt vielleicht eine Art Ausbeutung.

Als die bäuerlich wirkende Susan Boyle einen Song aus *Les Miserables* anstimmte und dann völlig fertig ins Krankenhaus kam, fragten wir uns alle, ob aus *Britain's Got Talent* jetzt *Britain's Got Tacky* (»Großbritannien ist heruntergekommen«) geworden war. Sind die beiden rotzfrechen Komiker Ant und Dec nur die grinsenden Moderatoren einer harmlosen Unterhaltungssendung oder die Zeremonienmeister beim modernen Äquivalent einer öffentlichen Hinrichtung? Die Debatte wurde noch hitziger, als eine jugendliche Kandidatin während ihrer Darbietung in Tränen ausbrach.

Wie immer wir dazu stehen: Die hundert Millionen Internet-Aufrufe für Miss Boyles Auftritt bei *YouTube* zeigen, dass es uns fasziniert, wenn an einer unerwarteten Stelle ein Talent ausgegraben wird. Die johlende Menge, die Susan Boyle verhöhnte, bevor sie den Mund aufmachte, lag falsch, und das freute uns. Simon Cowells dental privilegierter Unterkiefer klappte verblüfft herunter, als das hässliche Entlein wie eine Nachtigall zu singen begann. Die Juroren dachten, sie könne es nicht, aber sie konnte es.

Das Christentum erzeugt eine Wir-können-Kultur des Strebens. Die Bibel ist voll von Geschichten von Verlierern, die von Gott aus dem Schatten herausgeholt werden und dann bemerkenswerte Dinge tun, die weitaus heller strahlen als fünfzehn Minuten Ruhm in der Menge der Prominenz. Dass Jesus sich ein buntes Häufchen wenig aussichtsreicher Jungs und Mädels zusammensuchte, um die Welt zu verändern, macht deutlich: Wir können etwas anderes werden als das, was wir sind. Wir sind nicht dazu verurteilt, immer dieselben zu bleiben. Wir können unsere Horizonte erweitern, wachsen und uns verändern. Das Gleichnis gilt uns allen, nicht nur einigen wenigen Auserwählten: *Du hast Talente; nun nutze sie.* Natürlich war ein Talent zur Zeit Jesu eine Währungseinheit. Doch die Botschaft ist dennoch klar: Welche Fähigkeiten Du auch hast, nutze sie gut.

Aber ist hier vielleicht auch eine Mahnung zur Vorsicht angebracht? Manchen von uns gelingt es sehr gut, ihre Gaben zu entdecken. Aber sind wir auch genauso bereit, uns ehrlich unseren Grenzen zu stellen? Ich hatte einmal ein schwieriges Gespräch mit einem Mann, der fest davon überzeugt war, ein gottgegebenes Talent zum Singen zu haben. Er verbrachte jede Menge Zeit damit, Lieder zu komponieren, die, wie er behauptete, direkt vom Gott des Universums heruntergeladen wurden, der ihm die Melodien und Texte schenkte. Wer ihm zuhörte, musste ein Geräusch über sich ergehen lassen, das sich so anhörte, als würde gerade ein Huhn stranguliert, und kam zu dem Schluss, wenn Gott diesem Möchtegern-Pavarotti Lieder schenkte, dann wohl deshalb, weil er sie selber nicht haben wollte.

Als er schonend mit der Nachricht konfrontiert wurde, seinem Gesang zu lauschen sei ungefähr so angenehm, wie eine Feuersirene zu hören, war er empört. *Du kannst nicht* hörte sich für ihn an wie eine Gotteslästerung. »Ich vermag alles durch den, der mich mächtig macht«, platzte er heraus, indem er die Worte des gefangenen Paulus völlig aus ihrem Zusammenhang riss. Er kann nicht fliegen (ohne Flügel oder Flugticket), er kann keine Gehirnoperation durchführen, und er kann (da er ein Mann ist) keine Kinder gebären. Er kann husten und prusten und meinen, durch den Glauben könne er ein Haus zusammenpusten, aber in Wirklichkeit kann er das nicht.

Unseren Horizont zu erkennen ist ein Schritt in Richtung Zufriedenheit, und es macht uns fähig, die Gaben zu erkennen, die Gott uns in Wirklichkeit geschenkt hat. Wenn wir nicht lernen, *ich kann nicht* zu sagen, dann laufen wir Gefahr, unser ganzes Leben lang niemals zu den Dingen zu kommen, die wir tun können. Wir sind zu sehr damit beschäftigt, uns etwas zu erhoffen und zu erträumen, was nie sein wird.

So weiß ich zum Beispiel, dass ich nicht das Rüstzeug habe, um mit kleinen Kindern zu kommunizieren. Als ich einmal vor einer Gruppe amerikanischer Dreijähriger sprechen sollte, verabreichte ich ihnen eine Vorlesung über das parlamentarische Zweikammernsystem, das wir in England haben. Die verdatterten Kleinen sahen fast erschrocken aus. Eines der Kinder fing sogar an zu weinen, und ich glaube nicht, dass der Anlass für die Tränen des kleinen Mädchens die Ungerechtigkeit politisch verliehenen Adels oder der Missbrauch von Geldern im Unterhaus war. Sie hatte Angst vor dem fremden Mann. Vor mir.

Deshalb gebe ich mich auch nicht mehr viel mit Handwerkereien ab. Über Jahre ignorierte ich das furchtsame, flehende Geschrei meiner Familie, wenn ich versuchte, Regale zu bauen, einen Stecker anzuschließen oder irgendetwas Kaputtes zu reparieren. Aber es hatte keinen Zweck. Es kann sehr befreiend sein, *ich kann nicht* zu sagen.

Umso froher bin ich darüber, dass mir ein Elektriker den Ventilator an meiner Decke anschließt, während ich dies schreibe. Das bedeutet, dass ich nicht von der Leiter fallen, mir einen Stromschlag holen, ausgiebig fluchen, den Ventilator verkehrt herum anschließen oder von den Rotorblättern in Stücke gehackt werde.

Und das finde ich cool. Buchstäblich.

Liebe Grüße,

Jeff

VIERUNDZWANZIG

Lieber Jeff,
ich bin sehr erleichtert, dass Du ebenso wie ich das Handwerkern den Handwerkern überlässt. Früher kam ich mir immer so dämlich vor gegenüber Leuten, die aus dem Effeff konstruieren und reparieren und bauen und umbauen und dekorieren können. Du kennst das sicher. Sie führen einen durchs Haus und erklären unter ausschweifendem technischem Gestikulieren, was für Wunder sie seit dem Einzug darin vollbracht haben.

»Wir haben Folgendes gemacht«, erläutern sie mit irritierend gelassener Versunkenheit. »Wir haben das obere Stockwerk des Hauses genommen und einfach mit dem unteren vertauscht. Sehen Sie, was ich meine? Das habe ich in zwei Tagen mit einem Freund gemacht. Diese Woche dann haben meine Frau und ich die Wände um neunzig Grad gedreht, sodass die Fensterseite jetzt nach Süden zeigt statt nach Osten. Das erhöht den Wert um mindestens fünfzigtausend. Alles, was man dazu braucht, sind ein paar Profilstahlträger, ein paar Dachlatten und ein Stanzgerät. Nächsten Monat reißen wir sämtliche Innenwände heraus, streichen frisch an und bauen im Haus eine viertelgroße Nachbildung des Alamo, sodass Jean anfangen kann, Fremdenzimmer an amerikanische Touristen zu vermieten.«

Hmm. Ich habe einmal einen Stecker ausgewechselt. Mit einer Führung durch mein Haus könnte ich nicht sehr viel Eindruck schinden.

»Wir haben hier Folgendes gemacht«, würde ich erläutern, während ich auf einen hässlich verfärbten Streifen an der Tapete neben einem Fenster deute. »Wir haben es völlig ignoriert, dass schon seit einiger Zeit Wasser hereinkommt, wenn es regnet. Auf diese Weise, wissen Sie, können wir hoffen, dass das Problem irgendwann verschwindet, ohne dass wir etwas dagegen tun. Und in ein paar Monaten dann haben wir vor, in Panik zu geraten und einen wahnwitzigen Betrag dafür auszugeben, dass irgendein durchtriebener Handwerker so tut, als hätte er es in Ordnung gebracht, obwohl wir es praktisch umsonst selbst hätten machen können, gleich nachdem es angefangen hatte. Das ist jedenfalls die Absicht dahinter …«

Nein, meine Einstellung zu diesen Dingen hat sich verändert. Heutzutage hole ich den durchtriebenen Handwerker gleich, wenn das Problem auftritt.

Ich schätze, der Trick ist, sich seinen Begrenzungen zu stellen, damit man sich darauf einstellt, in ihnen sowohl zu arbeiten als auch zu leben, und zu akzeptieren, dass es ab und zu passieren kann, dass Gott auf beängstigende und übernatürliche Weise möglich macht, dass Wunder geschehen, die jeden Horizont sprengen. Jeff, Du hast in einem früheren Brief erwähnt, dass es nötig ist, die Verantwortung für das Offensichtliche zu übernehmen, was immer Gott auch mit dem Rest vorhaben mag. Wie lautete noch die Botschaft des Herrn an Dich, als Dir auf der Autobahn das Benzin ausging? »O einfältiger Tor, wer da fahren will, sehe zu, dass er seinen Tank rechtzeitig fülle«, richtig? Daran musste ich neulich denken, als mir der Text eines unvergesslichen Varieté-Songs von Gracie Fields in die Hände fiel. Als ich in der Lehrerausbildung war, haben wir ihn einmal in einer Radiodokumentation über Jack the Ripper verwendet. Lass mich Dir den Text zitieren. Es ist ein großartiger Song, auch wenn er es nie ins anglikanische Gesangbuch schaffen wird.

Heaven will protect an honest gel,
An an-gi-el will guard you, little Nell.
When these rich men tempt you, Nelly,
With their spark-el-ling Moselly,
Say »Nay! Nay!« and do be very care-fu-el!

And if some old bloated blasé roué swell
»I'll kiss you, we're alone in this hotel;«
Breathe a prayer he shall not do it
And then biff him with the cruet,
Then Heaven will protect an honst gel![6]

Der Himmel beschützt ein ehrliches Mädchen,
Ein Engel wird dich behüten, kleine Nell.
Wenn diese reichen Männer dich verführen wollen, Nelly,
Mit ihrem prickelnden Moselwein,
Sag »Nein, nein!« und sei sehr vorsichtig!

Und wenn ein alter aufgeblasener Wüstling flüstert,
»Ich werde dich küssen, wir sind allein in diesem Hotel«,
Dann hauche ein Gebet, dass er das bleiben lässt,
Und dann zieh ihm mit dem Messkännchen eins über,
Dann beschützt der Himmel ein ehrliches Mädchen!

Ich kann mich irren (habe ich da gerade in der Ferne ein Donnergrollen gehört?), aber ich vermute, es gibt Momente, in denen selbst Jesus, wenn man ihn fragte, sagen würde:

»Nun, ja, die andere Wange hinhalten und ernstliches Gebet sind natürlich die besten Möglichkeiten, aber gewisse

Situationen erfordern zusätzliche, praktischere Lösungen. Benzin in Autos zu füllen, die nicht mehr fahren, wenn man es nicht tut, ist ein Beispiel. Ein anderes könnte hin und wieder durchaus sein, neben dem Beten jemandem gut gezielt mit dem Messkännchen eins überzuziehen. Vielleicht wäre es auch gar keine schlechte Idee, der Habgier, der Armut, der Krankheit und der Ungerechtigkeit mit einer Art metaphorischem Messkännchen eins überzuziehen – aber zitiert mich damit bloß nicht!«

Ich frage mich, ob Gott wohl genug davon hat, immer zitiert zu werden, Jeff. Ich glaube, mir ginge es so, wenn ich er wäre. Wie oft ist in den letzten zweitausend Jahren die Bibel schon benutzt worden, um Gottes Wesen, seinen Willen und sein kreatives Handeln verfälscht darzustellen? Wir haben das natürlich alle schon getan. Ich jedenfalls. Es macht mir sogar regelrecht Angst, daran zu denken, wie oft meine eigene Interpretation mancher Verse oder meine Missverständnisse über die Vielseitigkeit des Heiligen Geistes wohl schon Menschen von Jesus weg- statt zu ihm hingeführt haben. Das muss ihn auf die Palme bringen. Das tut es auch, wie wir wissen.

Als die Jünger diensteifrig einen Haufen Kinder wegschicken wollten, die unbedingt in die Nähe dieses großartigen Mannes wollten, der immer so viele Geschichten erzählte und dauernd die Leute verzauberte, ließ die Reaktion des Meisters keinen Raum für Zweifel. Acht Wörter im zehnten Kapitel des Markusevangeliums hallen durch die Jahre bis zu uns und erinnern uns daran, wie dumm und arrogant es ist, uns einzubilden, wir könnten je völlig sicher sein, welche Absichten Gott in irgendeiner Situation hegt.

»Als es aber Jesus sah, wurde er unwillig.«

Ich glaube, das geht ihm auch heute noch oft so. Dir ist im Laufe unseres Briefwechsels vielleicht aufgefallen, dass es mich wütend macht, wenn selbst ernannte Hüter des heiligen Gesetzes eine kleine, scharfkantige Scherbe aus der Heiligen Schrift hervorholen und sie einer armen, sündigen Seele ins Herz bohren, die nicht so sehr ein Handlanger Satans ist als vielmehr ein Kind, das es dringend nötig hat, zu Jesus zu kommen. Es gibt eine Episode aus der Fernsehserie *Cadfael*, bei der mir immer wieder die Tränen kommen. Der Mönch untersucht den Tod eines Mädchens, das ein uneheliches Kind zur Welt gebracht hat und dann Selbstmord begeht, nachdem der Priester, bei dem sie um Absolution bat, sie grausam verstoßen hat.

»Sie war nichts als eine unnütze Hure«, sagt der Priester zu Cadfael.

»Sie war ein *Kind!*«, entgegnet Cadfael mit Empörung und Trauer in seiner Stimme.

Später am Abend sucht der Mönch still einen Winkel des ungeweihten Bodens auf, in dem das Mädchen begraben liegt, und steckt ein winziges silbernes Kruzifix in die frisch aufgewühlte Erde ihres unmarkierten Grabes.

Es gibt keinen Zweifel: Gesetz ohne Gnade haut Dich einfach nur um. Gnade fängt Dich auf, wenn Du fällst, und gibt Dir einen Keks – und meistens auch einen Job.

Natürlich müssen wir alle Rechenschaft ablegen für das, was wir tun. Aber in all den Jahren, in denen ich Sündern begegnete und selbst ein Sünder war und bin, habe ich gelernt, dass es in Wahrheit nur einen Weg dahin gibt, *wie es sein sollte*, und der führt, wie Jesus deutlich bei seiner Begegnung mit der Frau am Brunnen gezeigt hat, geradewegs mitten durch das, *wie es ist*. Ein paar Beispiele.

Ein Freund von mir erzählte mir neulich davon, wie er in die Schulen geht, um dort über Drogen und Alkohol aufzuklären. Wenn er mit so einer Gruppe von Jugendlichen zusammenkommt, fordert er sie als Erstes auf, zu benennen und zu beschreiben, was ihnen am besten daran gefällt, mit diesen Dingen umzugehen. So weit kein Problem. Die Liste wächst rasch, und über jeden Punkt darauf wird begeistert geredet. Dann bittet er sie um Kommentare zu den unangenehmsten Aspekten, und das ist der Punkt, an dem die eigentliche Diskussion beginnt. Ein attraktives Mädchen bekennt unter Tränen, dass sie sich nur dann hübsch fühlt, wenn sie getrunken hat. Die anderen hören es mit Staunen und versichern ihr, dass sie immer wunderhübsch aussieht. Andere erzählen betroffen von Zeiten, in denen sie sich geschämt haben und das Gefühl hatten, stark abhängig von künstlichen Stimulanzien zu werden. Diese Diskussionen sind oft überraschend offen. Die meiste Arbeit tun die jungen Leute selbst, und die Freiheit, mit der sie die Wahrheit über diese negativen Elemente aussprechen und nach neuen Antworten suchen, wird größtenteils dadurch möglich, dass mein Freund gültige Wahrheiten über die positiven Auswirkungen von Alkohol und Drogen ebenfalls mit moralischer Neutralität akzeptiert.

Ebenso erinnere ich mich an einen Freund namens Rick, der mir gestand, er habe eine außereheliche Beziehung zu einer Frau begonnen, die etliche Meilen von seinem Zuhause in einer Stadt in Wales wohnte. Im Zuge seiner Arbeit kam er ungefähr einmal im Monat dort vorbei. Ich glaube, er rechnete damit, dass ich ihm eine Gardinenpredigt halten und die »Spielregeln« rezitieren würde. Stattdessen bat ich ihn, mir zu sagen, was an diesem Erlebnis so schön oder packend sei, dass es ihn dazu veranlasste, seine bislang glückliche Ehe dafür aufs Spiel zu setzen. Anfangs stotterte der Motor ein wenig, aber nach einer Weile kam er in Fahrt. Er redete über den Sex, das Neue daran, die köstliche Heimlichkeit, das Pläneschmieden, das erneute Entdecken, was es bedeutet, sich attraktiv zu fühlen.

»Gut«, sagte ich freundlich, »also, auf der einen Seite genießt du das alles sehr, und auf der anderen Seite hast du eine Ehe, die du erhaltenswert findest, wie ich weiß, und einen lebenslangen Glauben, der ganz klar deutlich macht, wie Gott über Ehebruch denkt. Er mag ihn nicht, oder? Aber niemand wird dich deswegen tyrannisieren. Gott nicht, ich schon gar nicht, niemand. Du hast wirklich die Wahl. Du bist ganz und gar frei. Du kannst diese Affäre weiterführen, aus all den Gründen, die du mir gerade genannt hast, und jede Minute davon genießen. Oder du gibst die Beziehung in Wales auf und gibst dich neu deiner Frau und Gott hin. Es liegt ganz bei dir, Rick.«

Er rutschte unbehaglich auf seinem Stuhl herum.

»Aber was würdest *du* tun?«

»Ich? Ich würde mich entscheiden, genau wie du es musst, aber ich weiß nicht, wie die Entscheidung ausfallen würde. Ich bin nicht du. Vielleicht würde ich mich ja für die walisische Option entscheiden.«

Dann zeigte ich ihm Erbarmen.

»Na schön, Rick, ich werde dir offen sagen, was ich denke. Wenn Jesus jetzt leibhaftig hier wäre, vermute ich, würde er sich neben dich setzen, seinen Arm um deine Schultern legen und dir ganz freundlich sagen: ›Rick, ich verstehe, wie aufregend das alles war, aber mein Freund, du bist mehr wert als das. Wenn du mir helfen und mitmachen willst bei dem, was in Zukunft zu tun ist, dann wirst du die schwere Entscheidung treffen müssen. Ich hoffe sehr, dass du das tust, weil ich dich liebe – dich und deine Frau. Und ich glaube, im Innern weißt du ganz genau, dass dein Abenteuer nur in Tränen enden kann. Aber letzten Endes liegt es bei dir.‹«

Wie Rick sich entschieden hat?

Kümmere Dich um Deinen eigenen Kram.

Noch ein letztes Beispiel, nur eine Kleinigkeit, die mir aber sehr geholfen hat. Es passierte in einer Gemeinde in den Midlands, die wir damals besuchten. Eines Abends fand im Gemeindesaal ein Wohltätigkeitsessen statt, auf das ich mich sehr freute. Ich esse gerne, ich unterhalte mich gerne, und ich höre wirklich gerne anderen Leuten zu, was sie zu sagen haben – meistens jedenfalls. Leider hatte ich diesmal, wie es schien, das kurze Streichholz gezogen, was die Sitzverteilung anging. Ich landete am Ende des Tisches gegenüber von William, einem Witwer aus unserer Gemeinde, der es irgendwie geschafft hatte, den Small Talk zur Kunstform zu erheben. Er hatte nichts zu sagen und wandte außerordentlich viel Zeit dafür auf, es zu sagen. Ich hatte die Nase gestrichen voll. Wie sollte ich es aushalten, anderthalb Stunden lang Williams endloses Geschwafel über den Farbton der Beize für seinen Gartenzaun oder seine Vorliebe für Wolldecken gegenüber »diesem neumodischen Federbettenkram« über mich ergehen zu lassen? Ich hatte das Gefühl, am liebsten sterben zu wollen.

Wie es in derartigen Situationen typisch ist, schienen die Leute am anderen Ende des Tisches ein wahres Feuerwerk witzsprühenden rabelaisschen Humors abzubrennen; ein Feuerwerk, an dem die Person auf dem Stuhl neben mir ihre helle Freude zu haben schien. Sie hatte mir zwei Minuten nach Beginn des gemeinsamen Essens den Rücken zugekehrt und gedachte offenbar so zu verharren, solange die verflixte Schar von Wildeanern mit ihrem Gelächter, ihrem Tischgetrommel und ihren kollektiven Heiterkeitsausbrüchen fortfuhr.

Ich kochte innerlich, während mein betagter Tischgenosse sich ungefähr zehn Minuten lang über die Temperatur seines Essens auf Rädern und die Größe eines neuen Spatens ausließ, den sich sein Nachbar kürzlich angeschafft hatte. Und dann, ganz plötzlich, fühlte ich mich schuldig. Da saß ich, ein Kerl, der ständig davon redete, jeder einzelne Mensch sei wichtig, und wünschte mir nichts sehnlicher, als dass irgendein entsetzlicher Notfall (ein Erdbeben wäre nett gewesen) mich von der Bürde erlösen möge, noch weitere drei Tage lang William zuhören zu müssen. In Gedanken redete ich mit Gott.

»Es tut mir leid«, sagte ich. »Ich will mein Bestes tun, um William interessant zu finden. Bestimmt ist er das im Grunde auch ...«

»Nein, ist er nicht«, sagte die andere Seite des Dialogs. »Er ist alt und langweilig, und du wärst verrückt, wenn du lieber ihm zuhören würdest, als oben am anderen Ende des Tisches zu sitzen. Darum geht es nicht.«

»Und worum geht es dann?«

»Nur mir zuliebe – mach dem alten William heute Abend das Geschenk deiner Aufmerksamkeit. Er ist mir wichtig, und du bist der Mann vor Ort. Das ist der Job, den ich heute Abend zu vergeben habe. Nimm ihn, oder lass es bleiben.«

Ich nahm ihn. Er war immer noch langweilig, aber es war okay.

Jeff, ich liebe das, was Jesus in der Welt tut. Ich liebe seinen Realismus, seine Zuneigung zu den schrägsten Leuten, das Vertrauen, das er in uns setzt, dass wir die Gnade weiterfließen lassen, seine Beharrlichkeit gegenüber Heiligen und Sündern und die Hoffnung, die er denen schenkt, die auf so vielfältige Weise belastet und verirrt sind. Was für ein Privileg ist es doch, bei alledem mit dabei zu sein. Wir sind große Glückspilze, Du und ich, stimmt's?

Liebe Grüße und Gottes Segen,

Adrian

Anmerkungen

1. Williams, R.: *Open to Judgment* (London: Dartman Longman and Todd, 1994).
2. Plass, A.: *Gesprengte Mauern* (Moers: Brendow, 1995).
3. Donne, John: *Erstürme mein Herz. Elegien, Epigramme, Sonette. Englisch – Deutsch* (Frankfurt: Verlag Neue Kritik, 2000).
4. Lucas, J.: *Creating a Prodigal-friendly Church* (London: Zondervan, 2008).
5. Jerome, J. K.: *Three Men in a Boat* (London: Penguin Pupular Classics, 2007).
6. Copyright Francis Day and Hunter, 1933.